SUSANNE SEETHALER

Die echte bayerische Küche
Traditional Bavarian Cooking

SUSANNE SEETHALER

Die echte bayerische Küche
Traditional Bavarian Cooking

Ins Englische übersetzt von / English translation by
Denise & Christopher Magyar

nymphenburger

Hinweise: Die Rezepte gelten in der Regel für vier Personen. Falls nicht anders angegeben, wird Weizenmehl Type 405 verwendet, welches zum Backen gesiebt wird. Die Backzutaten sollten Zimmertemperatur haben, es sei denn, andere Angaben finden sich im Text. Die Gradangaben beziehen sich auf Ober- und Unterhitze (mittlere Schiene).

Note: Recipes are for four servings unless otherwise indicated. Whenever flour is called for, use unbleached all-purpose white flour, which should always be sifted. Unless otherwise indicated, all baking ingredients should be at room temperature. Oven temperatures for baking are based on upper-middle and lower-middle rack placement.

Für Susi

To Susi

Besuchen Sie uns im Internet unter
www.nymphenburger-verlag.de

Visit our website:
www.nymphenburger-verlag.de

1. Auflage 2005
2. Auflage 2008
3. Auflage 2011
4. Auflage 2013

Übersetzung/Translation: Magyar & Magyar Communication Tools
Gestaltung/Art Director: Wolfgang Heinzel
Satz/Typesetting: Ulrike Fels
Umschlagfoto/Jacket Illustration: Stockfood, München
Fotos innen/Illustrations inside: Stockfood, München
Repro/repro: G. Peschke Druckerei GmbH, München
Druck und Binden/Printing and Binding: Printer Trento
ISBN 978-3-485-01045-0
Printed in Italy

Inhalt
Table of Contents

Vorwort
Foreword

Denkt man an Bayern, dann kommen einem schäumende Bierkrüge, weiß-blauer Himmel, fesche Madln in schmucken Dirndln und kernige Burschen mit strammen Wadln in den Sinn. Ganz zu Schweigen vom größten Volksfest der Welt, dem Münchner Oktoberfest, oder dem Märchenkönig Ludwig II., dem „Kini", wie er hier liebevoll genannt wird, mit seinen wahr gewordenen Träumen aus Stein, wie das berühmte Schloss Neuschwanstein.
Der Freistaat im Süden Deutschlands rangiert unter den zehn meist besuchten Ländern der Erde und wird nicht nur von seinen Einwohnern heiß geliebt. Die Liebe geht bekanntlich durch den Magen und in Bayern kommt sie oft deftig daher. Schweinsbraten mit Kraut und Knödeln, Ente und Gans gebraten, Haxen, Leberkäse und Weißwürste. Der Besucher hat die Qual der Wahl. Ochsenschwanz oder Ochsenmaulsalat, gebackenes Kuheuter oder Schlachtplatte, Kalbskäs' in der Semmel oder süße Hasenöhrl, die bayerische Küche bietet durchaus auch Exotisches für Probierfreudige. Doch im Großen und Ganzen liebt man es in Bayern bodenständig und einfach, die regionalen Gasthäuser, vor allem auf dem Land, bestechen durch klare, geschmackvolle Gerichte, die das Herz eines jeden Gourmets höher schlagen lassen. Ein kühles Helles dazu und man befindet sich im sprichwörtlichen „Himmel der Bayern".
Die Rezepte in diesem Buch erzählen von dieser einfachen ländlichen Küche, die diesen zauberhaften Landstrich nördlich der Alpen heute noch prägt. Mehlspeisen aus längst vergangen geglaubten Zeiten, Beilagen wie Blaukraut, Knödel oder Krautsalat, deftige Braten und der berühmte Obatzde haben – neben vielen anderen Köstlichkeiten – Einzug auf folgenden Seiten gehalten. Gewürzt mit Geschichten und Wissenswertem zur bayerischen Esskultur. Lassen Sie sich verführen.

Viel Freude beim Nachkochen und „An Guad'n"!

Think of Bavaria, and visions of frothy steins of beer, blue and white skies, attractive young women adorned in dirndls and strapping young men in Lederhosen come to mind. Such musings might conjure up the world's biggest folk festival, the Munich Oktoberfest, or the fairy-tale king, Ludwig II. The *Kini*, as he was affectionately known, realized his fantasies in stone, creating such castles as the renowned Neuschwanstein.
Nestled in the south of Germany, Bavaria is one of the ten most visited regions in the world. While the fastest way to the heart may be through the stomach, food in Bavaria is often a hearty affair: pork with sauerkraut and dumplings, roast duck or goose, pork shanks, *Leberkäse* (pork sausage loaf), and *Weißwürste* (white veal sausages). There is an embarrassment of riches awaiting the hungry visitor: oxtail or ox maw salad, baked cow's udder, something known as a butcher's platter, *Kalbskas* (veal sausage loaf) in a roll, or sweet pastry *Hasenöhrl* (rabbit ears). All in all, there are some exotic offerings for the culinarily curious. By and large however, the Bavarian likes it simple but hearty and the local restaurants, especially those dotting the countryside, can have the heart of any gourmet a-flutter with their simple, yet tasty fare. Wash it down with a cool '*helles*' beer and you'll find yourself in proverbial Bavarian heaven.
This book sings the praises of modest country-style cooking still practiced in this magical region north of the Alps. Rustic cakes and puddings from bygone days, dishes such as red cabbage, dumplings or cabbage salad, hearty roasts and the popular *Obatzda* – to name just a few - can be found within these pages. I have occasionally seasoned the recipes with anecdotes and pearls of wisdom on the Bavarians at table. All the recipes are for four servings unless otherwise specified. And now it's time to yield to the temptations of the table.
Have fun cooking and *An Guad'n* - enjoy!

Brotzeit und kleine »Gangerl«
Hearty Snacks & Small Courses

Brotzeit, so wird in Bayern eine mehr oder weniger umfangreiche Zwischenmahlzeit oder das Abendessen genannt – beides wird immer kalt zu sich genommen. Kleine warme Gerichte werden in Kochkreisen als so genannte kleine „Gangerl" bezeichnet.
Die Brotzeit ist der Inbegriff bayerischer Gemütlichkeit und gehört beispielsweise zu jedem Biergartenbesuch dazu. Pressack, Knöcherlsulz (eine Sülze von Schweinefüßen) und der Radi, alles Gaumenfreuden zur Brotzeit, die Besucher des weiß-blauen Freistaats erst einmal vor schier unlösbare Rätsel stellen. Was um Himmels Willen soll das nur sein? Nun, seien Sie mutig und kosten Sie, wenn sich Ihnen die Möglichkeit bietet. Sie werden angenehm überrascht sein.
Traditionell trinkt man hierzulande zur Brotzeit Bier oder ein Gemisch aus hellem Bier und Zitronenlimonade, das unter dem schönen Namen „Radler" bekannt ist. Mischt man allerdings Weißbier und Zitronenlimonade, dann entsteht daraus die sogenannte „Russen-Halbe". Eine interessante Maßeinheit für das Bier, dem bayerischen Nationalgetränk schlechthin, ist natürlich die Mass. Dieser gewaltige Krug bringt heute noch den ein oder anderen Touristen ins Staunen. Ganze 1,069 Liter schäumenden Gerstensaftes sollten sich in einem gut eingeschenktem Masskrug befinden. Prost!
Wer es zu guter Letzt hochprozentig mag, oder wem das „Wammerl" dann doch zu fettig war, der genehmigt sich hinterher einen klaren Schnaps, zum Beispiel einen „Obstler" oder einen „Enzian".

Bavarians refer to either a hearty snack or the evening's supper – both eaten cold, as a *Brotzeit.* In cooking circles small warm courses are referred to as *Gangerl.* The *Brotzeit*, the quintessence of Bavarian contentment, is a must at every visit to a beer garden. *Presssack* (headcheese), *Knocherlsulz* (pig's knuckles in aspic) and the *Radi* (white radish) are all palate pleasing examples of *Brotzeit* fare, which can initially be a source of sheer bewilderment for the first-time visitor to our land of blue and white skies. What in heaven's name is that? Well, take courage and sample some when the opportunity presents itself. Step up to the plate – you'll be pleasantly surprised.
In this part of the world, one traditionally drinks either beer with the *Brotzeit* or a concoction of beer and lemon soda whimsically referred to as a *Radler* or cyclist. Take *Weißbier*, which is beer brewed from wheat, and mix it with lemon soda, and you have a *Russen-Halbe*, a half Russian. An interesting measure of beer, Bavaria's national beverage, is, of course, the *Mass*, otherwise known as a liter. This mammoth measure still causes slack-jawed amazement among tourists. A properly tapped *Mass* represents 1.069 liters of foamy barley brew. *Prost!*
For those who would like to top it all off with something a bit stronger, or who found the *Wammerl* (side pork) a bit too fatty the order of the day is a clear schnapps such as *Obstler* or *Enzian.*

Brathering mariniert
Marinated Pan-Fried Herring

Zubereitungszeit ca. 1 Stunde + 2–3 Tage Marinierzeit

Für die Marinade:
- 350 ml Wasser
- 350 ml Essig, z.B. Weißweinessig
- 2 Zwiebeln, in Ringe geschnitten. Mit roten Zwiebeln bekommt die Marinade eine hübsche Färbung
- 10 schwarze Pfefferkörner
- 10 Pimentkörner
- 5 getrocknete Wacholderbeeren
- 2–3 Nelken
- 2 getrocknete Lorbeerblätter
- 1 TL Senfkörner
- 1 TL Zucker

Für die Heringe:
- 8 grüne Heringe, ausgenommen, Flossen, Schwänze und Köpfe abgeschnitten
- Salz
- 2–3 EL Roggenmehl
- 3 EL Margarine

Außerdem:
- Küchenkrepp zum Abtropfen
- Frischhaltefolie

Alle Zutaten für die Marinade in einen großen Topf geben und aufkochen lassen. Hitze reduzieren und solange mit geschlossenem Deckel köcheln lassen, bis die Zwiebeln glasig sind. Anschließend vom Herd nehmen und abkühlen lassen.
Die Heringe außen leicht salzen und dann im Mehl wenden. Überschüssiges Mehl abklopfen.
Margarine in einer Pfanne erhitzen und die Heringe portionsweise in 5–7 Minuten auf beiden Seiten goldbraun braten. Zum Abtropfen auf Küchenkrepp legen.
Nun die Marinade durch ein Sieb gießen. Die Hälfte der Zwiebeln in eine große Schüssel geben und die noch lau-

Preparation time approx. 1 hour + 2–3 days to marinate

Marinade:
- Scant 12 oz water
- Scant 12 oz vinegar such as white wine vinegar
- 2 onions, sliced in rings. Using red onions will lend the marinade an attractive color
- 10 black peppercorns
- 10 dried allspice berries
- 5 dried juniper berries
- 2–3 whole cloves
- 2 whole dried bay leaves
- 1 tsp mustard seeds
- 1 tsp sugar

Herring:
- 8 green herring, gutted, fins, tails and heads also removed
- Salt
- 3–4 Tb rye flour
- 3 Tb margarine

In addition:
- Paper towel to drain the fat
- Clear plastic wrap

Place all the ingredients for the marinade into a large pot and bring to a boil. Lower heat and cover, allowing the marinade to simmer until the onions become transparent. Then remove the marinade from heat and let cool.
Salt the outside of the herring lightly, then dredge in the flour, shaking off any excess. Heat the margarine in a pan and brown the herring, two at a time, for 5–7 minutes per side until golden brown. When done, remove the herring from the pan and transfer them to the paper towel to drain.
Strain the marinade. Place half the onions in a large bowl and lay the lukewarm herring on top. Spread the remaining

warmen Heringe obenauf legen. Den Rest der Zwiebeln auf den Heringen verteilen. Mit Marinade übergießen, bis die Heringe vollständig bedeckt sind. Die Schüssel mit Folie abdecken und 2–3 Tage an einen kühlen Ort stellen.
Zu Bratheringen serviert man traditionell Bratkartoffeln oder einfach nur Bauernbrot mit Butter.

onions over the herring. Pour the marinade over the herring, making sure that the herring is fully covered. Cover the bowl with cellophane wrap and place in a cool spot for 2–3 days.

The herring is traditionally served with either pan-fried potatoes or whole-grain sourdough bread and butter.

Tipp: Sie können die Bratheringe mit den Zwiebeln und der Marinade auch schichtweise in verschließbare Vorratsgläser geben und mehrere Wochen im Kühlschrank aufbewahren.

Tips & Hints: You can also store the herring in mason-type jars, alternating layers of herring, marinade and onions. It will keep for several weeks in the refrigerator.

Brotzeitteller
Brotzeit Platter

Zubereitungszeit ca. 20 Minuten

2 mittelgroße weiße Radi
Salz
1 Bund Radieserl, gewaschen
Ca. 150 g Bergkäse, in dünne Scheiben geschnitten oder am Stück (wahlweise auch Käsesorten wie Brie, Bavaria Blue, Limburger oder Emmentaler)
Frischer Obatzda (s. S. 16) und/oder Erdäpfelkas (s. S. 13)
Gepökeltes, geräuchertes und gekochtes Wammerl am Stück, kalt serviert
Schweinsbraten oder Kalbshaxe vom Vortag, kalt serviert, in Scheiben geschnitten (s. S. 50 u. 52)
Gewürzgurken, fächerförmig eingeschnitten
Hausmachersenf (s. S. 28)
Frisches Bauernbrot, in Scheiben geschnitten Wahlweise frische Brezen, (s. S. 26)
Butter
1–2 Bund Schnittlauch, in feine Röllchen geschnitten
Außerdem
Holzteller und Holzbrett zum Anrichten

Den Radi schälen und in hauchdünne Scheiben schneiden. Küchenprofis schneiden den Radi zu einer Girlande, indem sie den Radi schälen und ihn der Länge nach bis zur Mitte hin dünn einschneiden. Dann wird der Radi gewendet und schräg eingeschnitten, ebenfalls bis zur Mitte. Jetzt kann man den Radi wie eine Ziehharmonika auseinander ziehen.

Am einfachsten geht es allerdings mit einem sogenannten Rettichschneider, der den Radi in dekorative Spiralen schneidet. Kräftig salzen und »weinen« lassen. Zusammen mit den Radieserln auf einem großen Holzbrett anrichten.
Obatzden oder Erdäpfelkas zusammen mit Wammerl, Bratenscheiben und Presssack ebenfalls auf einem großen Holz-

Preparation time approx. 20 minutes

2 medium-sized white radishes
Salt
1 bunch of red radishes, washed
Approx. 5 oz *Bergkäse*, a gruyere-type cheese, cut into thin slices or whole brie, Bavaria Blue (German blue cheese), limburger or emmentaler
Fresh *Obatzda*, (see p. 16) and/or *Erdäpfelkas*, (see p. 13)
Corned, smoked and boiled *Wammerl* (canadian-style bacon), served cold
Leftover, roast pork or veal shank, served cold sliced (see p. 50 and 52)
Fan-cut pickles (dill or sour)
Homemade mustard (see p. 28)
Fresh whole-grain sourdough bread, sliced (other choices: fresh *Brezen* (see p. 26)
Butter
1–2 bunches of chives cut into fine rings
In addition
Individual wooden plates and a wooden serving tray

Peel the radish and cut into paper-thin slices. The pros can cut the radish into a garland by first peeling the radish and cutting paper-thin slices halfway to three-quarters through the radish at a 90° angle, along its length. Now turn the radish over and again cut paper-thin slices along its length however at a 45° angle. Now you can pull the radish out to look like an accordion.
The easiest way though, is to use a radish cutter which cuts the root into decorative spirals. Salt liberally and let the radish "weep". Arrange together with the red radishes on a wooden platter.
Now place cheese (*Obatzda*) or *Erdäpfelkas* together with the *Wammerl*, slices of roast meat and *Pressack* onto a wooden

teller anrichten und mit Gewürzgurken dekorieren. Den Hausmachersenf extra servieren. Einen Teil der Brotscheiben mit Butter bestreichen, leicht salzen und mit Schnittlauchröllchen bestreuen. Das restliche Brot in einen Brotkorb geben.

platter or plate and garnish with pickles. Serve the homemade mustard on the side. Butter several slices of bread, salt lightly, and finish with a sprinkling of chopped chives. Place the remaining bread in a breadbasket.

Erdäpfelkas
Potato and Cheese Salad with Sour Cream Dressing

Zubereitungszeit ca. 45 Minuten + 1 Stunde Ruhezeit

250 g mehlige Kartoffeln, in der Schale gekocht
1 kleine Zwiebel, fein geschnitten
1 Bund Schnittlauch, in feine Röllchen geschnitten
Evtl. 1 TL frischen Majoran
Salz
Pfeffer
1 Spritzer Zitronensaft oder Obstessig
1 Prise Paprikapulver edelsüß
100 g Sauerrahm
200 g Magerquark

Die Kartoffeln abkühlen lassen und pellen. Durch eine Kartoffelpresse in eine Schüssel drücken oder mit einer Gabel fein zerkleinern. Zwiebel, Schnittlauch und, falls vorhanden, Majoran untermischen. Die Masse mit Salz und Pfeffer kräftig würzen. Zitronensaft und Paprikapulver geben dem Ganzen eine frische und feine Note. Zum Schluss Sauerrahm und Magerquark zugeben und gut verrühren. Vor dem Servieren eine Stunde im Kühlschrank kalt stellen.
Erdäpfelkas schmeckt besonders gut zu frischem Bauernbrot.

Tipp: Statt Schnittlauch können Sie auch fein gehackte Petersilie verwenden.

Preparation time approx. 45 minutes + 1 hour to marinate

9 oz potatoes (Russet, high-starch variety), cooked in their skins
1 small onion, finely chopped
1 bunch of chives, cut into fine rings
Optional: 1 tsp fresh marjoram
Salt
Pepper
1 squeeze of a lemon or cider vinegar
1 pinch sweet paprika
3 1/2 oz 1/2 cup sour cream
7 oz low-fat creamy style ricotta

Let the potatoes cool, then peel. Press through a ricer into a bowl or mash with a fork. Fold in the onions, chives and optional marjoram.
Season liberally with salt and pepper; lemon juice and paprika lend a nice touch. Finally add the sour cream and cottage cheese or ricotta and mix thoroughly. Refrigerate for one hour before serving.
Erdäpfelkas goes particularly well with fresh whole-grain sourdough bread.

Note: You can substitute finely chopped parsley for the chives.

Fleischpflanzerl
Meat Patties

Zubereitungszeit ca. 40 Minuten

1 altbackene Semmel
80 ml Milch
1 EL Butter
2 Schalotten, fein geschnitten
100 g Wammerl, fein gewürfelt
1/2 Bund Petersilie, fein gehackt
1/2 Bund Liebstöckel, fein gehackt
400 g Kalbfleisch, grob gewürfelt
4 EL Kalbsfond (s. S. 51) oder Brühe (s. S. 36)
Salz
Pfeffer
Muskat
1 TL scharfen Senf, z.B. Dijonsenf
1 Ei
Außerdem
Fleischwolf
Butterschmalz oder neutrales Pflanzenöl zum Braten

Die Semmel in eine Schüssel geben und mit der Milch übergießen, einweichen lassen. Währenddessen Butter in einer Pfanne erhitzen und die Schalotten darin glasig dünsten. Wammerl, Petersilie und Liebstöckel zugeben und sanft anbraten. Vom Herd nehmen und etwas abkühlen lassen.

Das Kalbfleisch in eine Schüssel geben und mit dem Pfanneninhalt und der eingeweichten Semmel vermengen. Die Semmel vorher mit der Hand ausdrücken. Anschließend durch den Fleischwolf, mittlere Scheibe, in eine Schüssel drehen.

Kalbsfond oder Brühe zugeben und mit Salz, Pfeffer und Muskat abschmecken. Zum Schluss Senf und Ei zugeben und die Fleischmasse vermengen.

Mit den Händen kleine Pflanzerl formen. Schmalz oder Öl in einer Pfanne erhitzen und die Pflanzerl goldbraun braten.

Zu Fleischpflanzerl passen sehr gut Bratkartoffeln oder Kartoffelsalat.

Preparation time approx. 40 minutes

1 small stale roll
1/4 cup + 1 1/3 Tb milk
1 Tb butter
2 shallots, finely chopped
3 1/2 oz bacon, finely diced
1/2 bunch of parsley, finely chopped
1/2 bunch of lovage, finely chopped
14 oz veal, coarsely diced
4 Tb veal stock (see p. 51) or broth (see p. 36)
Salt
Pepper
Nutmeg
1 tsp tangy mustard such as Dijon mustard
1 egg
In addition:
Meat grinder
Clarified butter or flavorless vegetable oil for frying

Place the roll into a bowl and soak in the milk. Meanwhile, melt the butter in a pan and sauté the shallots until translucent. Add the bacon, parsley and lovage and cook gently. Remove from heat and let cool somewhat.

Place the veal in a bowl and mix in the contents of the frying pan. Before adding the roll, squeeze out the milk. Grind the veal mixture into a bowl through a meat grinder fitted with a medium disk.

Add the veal stock or broth and season with salt, pepper and nutmeg. Finish by combining the mustard and egg with the veal mixture.

Form small oval patties by hand. Heat the clarified butter or oil in a pan and brown the patties until golden-brown.

Pan-fried potatoes or potato salad are appropriate accompaniments to *Fleischpflanzerl.*

Obatzda
Savory Cheese Spread

Der traditionelle Obatzde, in Franken auch »G'rupfter« genannt, wird eigentlich mit so »anrüchigen« Käsesorten wie Limburger oder Romadur zubereitet – nichts für empfindliche Nasen! So richtig etabliert in bayerischen Biergärten hat sich aber mittlerweile auch der Camembert als Hauptzutat für diesen leckeren Brotaufstrich.

Zubereitungszeit ca. 15 Minuten + 1 Stunde Ruhezeit

250 g reifer, weicher Camembert, in grobe Stücke geschnitten
250 g Doppelrahm-Frischkäse
1 TL weiche Butter
2 kleine Essiggurken, fein gewürfelt
1 Prise gemahlenen Kümmel
1 TL Rosenpaprika
Salz
Pfeffer
ca. 4 EL helles Bier
Außerdem
1 Zwiebel, in feine Würfel geschnitten

Die Camembertstücke in eine Schüssel geben und mit einer Gabel flach drücken. Dann den Frischkäse unterrühren. Die restlichen Zutaten zugeben und zu einer geschmeidigen Masse verarbeiten.
Zum Schluss etwas Bier unterrühren. Vor dem Servieren ca. 1 Stunde kühl stellen. Zum Servieren die fein geschnittene Zwiebeln extra reichen.

Obatzda schmeckt am besten auf frischem Bauernbrot oder Brezen (s. S. 26) zum Bier.

The traditional *Obatzda*, also called *G'rupfter* in Franconia, is actually made with such 'disreputable' cheeses as Limburger or Romadur – not for the faint of heart! However, Camembert has also taken its place in Bavarian beer gardens as the key ingredient in this delicious cheese spread.

Preparation time approx. 15 minutes + 1 hour to cool

8 1/2 oz soft, ripe Camembert cheese, cut into large pieces
8 1/2 oz cream cheese
1 tsp softened butter
2 small pickles, finely diced
1 pinch ground cumin
1 tsp paprika
Salt
Pepper
About 4 Tb beer
In addition
1 onion, finely diced

Place the Camembert into a bowl and mash with a fork. Then fold in the cream cheese. Add the remaining ingredients except the beer and mix until creamy.

Finish by folding in beer to taste. Before serving, allow the cheese mixture to cool for approximately one hour. Serve the finely diced onions on the side.

Obatzda tastes best with beer and served on fresh whole-grain sourdough bread or on *Brezen* (pretzels). (See p. 26).

Saure Zipfel
Marinated Sausage

Saure Zipfel sind eine fränkische Spezialität, zu der am besten Federweißer oder Apfelwein passt.

Saure Zipfel is a Frankish specialty, which goes particularly well with *Federweißer* (first-pressed wine still in the fermentation stage) or apple wine.

Zubereitungszeit ca. 30 Minuten

1 l Wasser
Ca. 125 ml Weißweinessig
2–3 Zwiebeln, in feine Ringe geschnitten
2–3 getrocknete Wacholderbeeren
2 getrocknete Lorbeerblätter
1 TL Zucker
4–6 weiße, ungepökelte Schweinsbratwürste
Außerdem
Frisch aufgeschnittenes Baguette

Alle Zutaten für den Sud in einen großen Topf geben und aufkochen lassen. Dann vom Herd nehmen und die Schweinsbratwürste in den Sud legen. Zugedeckt ca. 20 Minuten ziehen lassen.
Anschließend die Würste mit einem Teil des Suds und den Zwiebelringen zum Servieren in eine vorgewärmte Schüssel geben. Zu den sauren Zipfeln Baguette reichen.

Tipp: Zum Verfeinern des Suds können Sie zusätzlich ca. 100 ml Weißwein zugeben.

Preparation time approx. 30 minutes

4 1/4 cups water
Approx. 1/2 cup white wine vinegar
2–3 onions, finely sliced
2–3 dried juniper berries
2 dried bay leaves
1 tsp sugar
4–6 large, coarse, white, raw pork sausages
In additon
Freshly sliced baguette

Place all of the ingredients for the cooking liquid into a large pot and bring to a boil. Remove the pot from heat and add the pork sausage. Cover and simmer for approximately 20 minutes.
Serve the sausages with some of the cooking liquid and the onion rings in a warm terrine.
Accompany with the baguette.

Tips & Hints: Add approx. 1/2 cup of white wine to the cooking liquid to enhance the flavor.

Reibedatschi mit Apfelmus
Potato Pancakes with Apple Sauce

Zubereitungszeit ca. 1 Stunde

Für das Apfelmus
750 g ungeschälte Äpfel, gewaschen, entkernt und geviertelt
1 Stück Schale von 1 unbehandelten Zitrone
250 ml Wasser
60–100 g Zucker
Zitronensaft
Außerdem
1 feines Küchensieb
Für die Reibedatschi
1,5 kg mehlige Kartoffeln, geschält und gewaschen
2 Eier
1 Prise Salz
Pfeffer
Butterschmalz
Außerdem
Küchentuch zum Abtropfen

Apfelmus

Äpfel, Zitronenschale und Wasser in einem Topf zum Kochen bringen. Hitze leicht reduzieren und Äpfel zu Mus weichkochen. Nun die Masse durch ein Sieb in eine Schüssel streichen, mit Zucker und Zitronensaft abschmecken. Kühl stellen.

Reibedatschi

Die Kartoffeln auf einer feinen Reibe in eine Schüssel mit kaltem Wasser reiben. Anschließend die Kartoffeln aus dem Wasser nehmen und gut ausdrücken. Wasser vorsichtig auskippen, und dabei die Kartoffelstärke, die sich Boden der Schüssel abgesetzt hat, mit den Fingern zurückhalten. Dann Kartoffeln, Kartoffelstärke, Eier, Salz und Pfeffer gründlich miteinander vermengen.

Preparation time approx. 1 hour

For the apple sauce
1 3/4 lb unpeeled apples, washed, cored and quartered
1 piece of lemon peel
1 cup water
1/4-1/2 oz sugar
Lemon juice
In addition
1 fine-meshed strainer
For the potato pancakes
3 lb (6 1/2 cups) potatoes (Russet, high-starch variety), peeled and washed
2 eggs
1 pinch salt
Pepper
Clarified butter
In addition
Paper toweling for draining excess fat

Apple Sauce

Place apples, lemon peel and water into a pot and bring to a boil. Reduce the heat slightly and cook the apples until mushy. Then pass the apples through the strainer into a bowl and add sugar and lemon juice to taste. Refrigerate.

Potato Pancakes

Finely grate the potatoes into a bowl of cold water. Then remove the grated potatoes, pressing out the water completely. Carefully tip out the water, holding back the grated potato with your fingers. Add the potatoes, eggs, salt and pepper and mix thoroughly.

In einer Pfanne 2–3 EL Butterschmalz erhitzen und mit einem Esslöffel kleine Puffer formen. Die Puffer (Datschi) mit dem Löffel in der Pfanne flach drücken und ca. 4 Minuten bei mittlerer Hitze braten, bis sich die Ränder goldbraun eingefärbt haben. Anschließend wenden und erneut 4 Minuten braten. Auf einem Küchentuch abtropfen lassen.
Mit dem Rest des Teiges ebenso verfahren, dabei immer wieder etwas Butterschmalz in die Pfanne geben.
Die Reibedatschi auf einer vorgewärmten Platte anrichten und mit dem Apfelmus servieren. Reibedatschi schmecken besonders köstlich heiß und frisch aus der Pfanne.

Tipps: Für Reibedatschi eigenen sich am besten gut abgelagerte Winterkartoffeln, da deren Stärkegehalt höher ist als bei Frühkartoffeln. Zwetschgen-, Kirsch- oder Rhabarberkompott harmonieren ebenfalls ausgezeichnet mit Reibedatschi. Das Apfelmus schmeckt besonders gut, wenn Sie 1 Zimtstange zusammen mit den Apfelstücken kochen.

Heat 2–3 tablespoons of clarified butter in a frying pan and scoop the potato mixture with a soup spoon. Press the scoops (*Datschi*) flat into the pan with the spoon and fry at medium-high heat until the edges turn golden brown, about 4 minutes. Then turn them over and fry another 4 minutes. When done, remove and place on paper towel to drain.
Repeat with the remaining batter, adding some of the clarified butter to the pan each time.
Place the *Reibedatschi* onto a warm platter and serve with the applesauce. *Reibedatschi* taste particularly good fresh out of the pan.

Tips & Hints: The best potatoes for *Reibedatschi* are winter potatoes that have been properly stored since their starch content is greater than that of new potatoes.
Plum, cherry or rhubarb compotes also go well with *Reibedatschi*. Adding one stick of cinnamon when cooking the apples will lend an especially fine flavor.

Saures Züngerl

Marinated Calf's Lung

Die Heimat des Sauren Lüngerl ist Wien. Dort, nennt man dieses Gericht „Beuschel". In Bayern bekommt man es oft bereits fertig gekocht und geschnitten zu kaufen und muss nur noch einmal auf der Basis einer Mehlschwitze, aufgekocht werden.

Zubereitungszeit ca. 2 Stunden

Für den Sud

- 1 l Wasser
- 300 ml Weißwein
- 100 ml Weißweinessig
- 1 Zwiebel
- 3–4 Nelken
- 3–4 Pimentkörner
- 3–4 getrocknete Wacholderbeeren
- 4–5 schwarze Pfefferkörner
- 2 getrocknete Lorbeerblätter

Für das Lüngerl

- 500 g frische Kalbslunge, gut gewaschen, gewässert und von den Häutchen befreit
- 2 EL Butter
- 1 kleine Zwiebel, fein geschnitten
- 3 EL Mehl
- Salz
- Pfeffer

Die Kalbslunge in einen Topf geben und mit Wasser, Weißwein und Essig aufgießen. Die Zwiebel mit den Nelken spicken und zugeben. Pimentkörner, Wacholderbeeren, Pfefferkörner und Lorbeerblätter zugeben. Alles zusammen zum Kochen bringen.
Hitze leicht reduzieren und die Lunge ca. 45 Minuten gar kochen, anschließend herausnehmen und kalt stellen.
Den Sud weiter kochen, bis er sich auf ca. 750 ml reduziert hat. Dann durch ein Sieb geben und beiseite stellen.

Vienna is home to this dish, where it is known, as in the rest of Austria, as *Beuschel*.
Lung, precooked and cut, is often available in Bavaria. Just reheat using either a white or brown sauce base.

Preparation time approx. 2 hours

For the cooking liquid

- 4 1/4 cups water
- 1 1/3 cups white wine
- 1/2 cup white wine vinegar
- 1 onion, peeled
- 3–4 cloves
- 3–4 allspice berries
- 3–4 dried juniper berries
- 4–5 black pepper corns
- 2 dried bay leaves

For the lung

- 1 lb fresh calf's lung, well washed and rinsed with the membrane removed
- 2 Tb butter
- 1 small onion finely sliced
- 4 Tb flour
- Salt
- Pepper

Place the veal lung into a pot and add the water, white wine and vinegar. Insert the cloves into the onion and add to the cooking liquid. Then add the allspice, juniper berries, peppercorns and bay leaves and bring to a boil.

Reduce heat slightly and cook for about 45 minutes, afterwards remove the lung and refrigerate.
Continue cooking the liquid until it has reduced to about 3 cups. Strain the cooking liquid and reserve.

In einem weiteren Topf Butter erhitzen. Zwiebeln zugeben und glasig dünsten. Mehl darüber stäuben und unter ständigem Rühren goldbraun rösten. Nach und nach mit dem Sud ablöschen und gut verrühren. Ca. 20 Minuten köcheln lassen, dabei immer wieder umrühren.
Währenddessen die erkaltete Lunge in feine Streifen schneiden und in den Sud geben. Mit Salz und Pfeffer würzen. Noch einmal kurz aufkochen lassen. In vorgewärmten tiefen Tellern servieren.
Saures Lüngerl isst man traditionell mit Semmelknödel.

In another pot, melt the butter. Add the onions and sauté until translucent. Sprinkle in the flour stirring constantly until golden brown. Little by little add the cooking liquid to the browned flour mixture, stirring constantly. Reduce the heat and simmer approximately 20 minutes, stirring frequently.
Meanwhile, cut the chilled lung into thin strips and add to the cooking liquid. Season with salt and pepper. Bring briefly to a boil once again. Serve in warmed bowls.

Saures Lüngerl is traditionally eaten with bread dumplings.

Tipp: Wurzelgemüse, Senf und Balsamico Essig geben dem Lüngerl eine feinere Note: 2–3 EL Butter in einem Topf erhitzen, 2 gelbe Rüben, 1 Petersilienwurzel und 1/2 kleine Knollensellerie, alles geschält und in feine Streifen geschnitten, zugeben. Gut anschwitzen und dann mit der Lunge in den köchelnden Sud geben. Mit Senf und Essig abschmecken.

Tips & Hints: Root vegetables, mustard and balsamic vinegar will enrich the flavor of this dish. Heat 2–3 Tb butter in a pot; add 2 carrots, 1 parsnip and 1/2 of a small celery root, all peeled and cut into matchsticks. Sauté well and add to the cooking liquid with the lung. Season to taste with mustard and balsamic vinegar.

Schweinswürstel auf Bayrisch Kraut
Pork Sausage on Bavarian-Style Sauerkraut

Bayrisch Kraut sollte man nicht mit dem allseits beliebten Sauerkraut verwechseln, das in Bayern recht häufig auf den Tisch kommt (S. Zwuller und Kraut S. 72). Bayrisch Kraut ist ein Verwandter des Krautsalats, und genau wie dieser passt es besonders gut zu deftigem Braten oder, wie in folgendem Rezept, zu reschen Bratwürsten.
Schweinswürstel sind kleine Bratwürste mit reichlich Majoran im Brät, was ihnen eine pikante Note gibt.

Bayrisch Kraut should not be confused with that old-time favorite sauerkraut, which is often found on dinner tables throughout Bavaria (See *Zwuller und Kraut* p. 72). *Bayrisch Kraut* is related to kraut salad and it too makes the perfect accompaniment to a hearty roast or, as in the following recipe, to a toothsome skillet sausage.
Schweinswürstel are small skillet sausages liberally seasoned with marjoram, which lends them a savory flavor.

Zubereitungszeit ca. 45 Minuten

Preparation time approx. 45 minutes

Zutaten	Ingredients
1/2–1 TL Zucker	1/2–1 tsp sugar
1 EL Weißwein- oder Obstessig	1 Tb white wine or cider vinegar
2–3 EL Butterschmalz	2–3 Tb clarified butter
1 große Zwiebel, in Würfel geschnitten	1 large onion, diced
100 g Wammerl, in feine Würfel geschnitten	3 1/2 oz bacon, finely diced
1 großen fein gehobeltn Kopf Weißkraut (ca. 1 kg),	1 large head of white cabbage (approx. 2 lb), grated
250 ml Fleisch- oder Gemüsebrühe	1 cup meat or vegetable broth
1 TL gemahlenen Kümmel	1 tsp ground cumin
Salz	Salt
Pfeffer	Pepper
1 EL Butter	1 Tb butter
Rohe Schweinswürstel, pro Person 6 Stück	Raw pork sausage, 6 links per person
Milch	Milk
Butterschmalz	Clarified butter

Den Zucker in einem schweren Topf erhitzen und karamelisieren. Mit Essig ablöschen, bevor der Zucker zu dunkel wird, sonst wird das Gericht bitter.
Butterschmalz und Zwiebeln zugeben und die Zwiebeln glasig dünsten. Das Wammerl dazu geben und unter ständigem Rühren leicht mitbraten lassen, bis das Fett austritt. Der Speck sollte nicht braun werden.
Nun das Kraut unterrühren. Brühe zugießen und mit Kümmel würzen. Zugedeckt auf kleiner Flamme ca. 30 Minuten

Heat the sugar in a heavy-bottomed pot until it caramelizes. Deglaze with the vinegar before the sugar becomes too dark or else it will become bitter.
Add the onion and the clarified butter and sauté until translucent. Add the bacon and gently render, stirring constantly. Do not allow the bacon to brown.

Now stir in the cabbage, pour in the broth and season with the cumin. Cover and cook over low heat for approximately

köcheln lassen. Während der letzten 10 Minuten das Kraut bei geöffnetem Deckel weiter schmoren lassen. Mit Salz und Pfeffer abschmecken und 1 EL Butter unterrühren.
Einen großen Topf mit Wasser zum Köcheln bringen. Die Hitze reduzieren, Schweinswürstel einlegen und gar ziehen lassen.
Anschließend werden die Schweinswürstel in Milch getaucht, damit sie beim Braten eine schöne, braune Farbe bekommen.
Das Butterschmalz in einer Pfanne erhitzen und die Schweinswürstel goldbraun braten.
Bayerisch Kraut auf vorgewärmten Tellern anrichten und die Schweinswürstel auf dem Kraut anrichten. Dazu schmeckt ein frisches Bier.

Tipp: Wenn Sie das Ganze als Hauptgericht servieren möchten, reichen Sie Kartoffelbrei (s. S. 87) dazu.

30 minutes. Let simmer uncovered the last 10 minutes. Season to taste with salt and pepper and stir in one tablespoon of butter.
Bring a large pot of water to a boil. Lower the heat, add the pork sausages and simmer until done.

Then dip the sausage links into milk so that they will turn a nice brown color when fried.
Heat the clarified butter in a pan and fry the sausages until golden brown.
Arrange the cabbage on warmed plates and place the sausage links on top of the sauerkraut. A cold beer would be the perfect accompaniment.

Tips & Hints: Should you wish to serve this as a main couse, you can accompany it with mashed potatoes (see p. 87).

Weißwurst mit Laugenbrezen
White Veal Sausage with Pretzels

Die Weißwurst ist ein echtes Münchner Original. Aus einer-Not heraus erfunden, erblickte sie im Jahr 1857 direkt am Münchner Marienplatz das Licht der Welt. Dem Metzgermeister Joseph Moser waren in der Gaststätte *Zum ewigen Licht* am Faschingssonntag die Därme für seine Kalbsbratwürstel ausgegangen. Da aber der Andrang in der Gaststube sehr groß war, nahm er einfach die dicken Därme, die er in seiner Wurstkuchl noch vorrätig hatte und »wurstelte«, im wahrsten Sinne des Wortes, aus den Resten seines Kalbsbräts eine neue Sorte: Die Weißwurst.
Eine original Münchner Weißwurst besteht aus mindestens 51 % Kalbfleisch. Das Brät wird mit abgeriebener Zitronenschale, Petersilie, Muskatblüte, Zwiebel und weißem Pfeffer gewürzt. Der Rest: ein Geheimnis der einzelnen Metzger.
In früheren Zeiten war es schwierig, ungebrühte Würste ohne entsprechende Kühlung länger frisch zu halten. So ist es in Bayern bis heute Tradition, Weißwürste noch vor dem Mittagsläuten zu genießen. »Eine Weißwurst soll das Zwölf-Uhr-Läuten nicht hören«, heißt es im Volksmund.
An der richtigen Art des Verzehrens scheiden sich übrigens die Geister. Der eine »zutzelt« sie genüßlich aus der Pelle, der andere isst sie mitsamt der Haut. Oder man schneidet die Weißwurst der Länge nach auf und labt sich am Inneren.
Weißwüste dürfen im heißen Wasser nur ziehen, nie kochen, sonst platzen sie! Sobald sie heiß genug sind, werden die Würste in eine Terrine gelegt und mit dem heißen Wurstwasser übergossen. Vorsicht: Das Wasser wird nicht getrunken!

Zur Weißwurst isst man frische Laugenbrezen und süßen Hausmachersenf, dazu trinkt man ein frisch gezapftes Bier, am besten Weißbier.

Weißwurst is a genuine Munich invention. It was born of necessity in 1857, directly on Munich's town square *Marienplatz*. Joseph Moser, butcher at the tavern *Zum ewigen Licht*, ran out of the thin casings that he used for veal sausages on *Faschingssonntag*, the last Sunday of Carnival. However, demand in the tavern was so great that he simply used the thicker casings which he happened to have on hand in his pantry. Quite literally he turned a 'wurst-case' scenario into a triumph by taking the leftover veal filling to create the *Weißwurst*.
Authentic Munich *Weißwurst* consists of at least 51% veal, even today. The stuffing is seasoned with grated lemon, parsley, mace, onion and white pepper but almost every butcher has his own secret additional ingredients.
In the old days it was difficult to keep uncooked sausage fresh for any extended period without proper refrigeration. This has given rise to the custom of enjoying *Weißwurst* before noon. Locals say that a *Weißwurst* should never hear the tolling of the noonday bell.
By the way, if you were to ask five Bavarians how to eat *Weißwurst*, you would get six different answers. You can peel back the skin and enjoy it so; you can devour it skin and all; or you can cut it lengthwise and dig in.
Weißwurst should be steeped in hot water – never boiled or else, it will burst. As soon as it is warm enough, serve in a terrine with the steeping water. However, never drink the water!

Serve *Weißwurst* with fresh pretzels and homemade sweet mustard accompanied by a freshly tapped beer, preferably *Weißbier*.

Laugenbrezen

ergibt ca. 8 Stück, Zubereitungszeit ca. 20 Minuten + 35 Minuten Ruhezeit + 15–20 Minuten Backzeit

Für den Teig
500 g Mehl
1 Hefewürfel (ca. 42 g)
250 ml lauwarme Milch
1 Prise Zucker
50 g weiche Butter
1/2 TL Salz
Für die Lauge
50 ml Milch
1 EL Natron
Außerdem
Frischhaltefolie
Küchenpinsel
Backpapier
Brezensalz. Falls nicht vorhanden: grobes Meer- oder Ursalz, das Sie im Mörser leicht zerstoßen

Das Mehl in eine Schüssel sieben und eine Mulde in die Mehlmitte drücken. Die Hefe zerbröseln und in die Mulde geben. 4 EL von der lauwarmen Milch und 1 kleine Prise Zucker zufügen. Butter in kleine Stücke schneiden und mit dem Salz auf dem Mehlrand verteilen. Mit einem Küchentuch bedecken und die Hefe 15 Minuten gehen lassen.

Anschließend das Ganze zu einem glatten Teig verarbeiten und in 8 Teigkugeln aufteilen. Die Teigkugeln auf ein Arbeitsbrett setzen. Sofort mit Frischhaltefolie abdecken, damit der Teig nicht austrocknet. 20 Minuten gehen lassen.

Den Backofen auf 180° C vorheizen. Ein Backblech mit Backpapier belegen. Teigkugeln einzeln unter der Frischhaltefolie hervorholen und zu ca. 50 cm langen Würsten formen, wobei die Mitte dicker als die beiden Enden sein sollte. Mit beiden Händen je ein Strangende fassen und die Stränge zweimal überkreuzen, damit sich der typische Brezenknoten bildet. Dann die beiden Strangenden an den Brezenrundungen anlegen und leicht andrücken. Alle Brezen aufs Backblech legen und mit einem Küchentuch abdecken.

Anschließend die Milch für die Lauge zum Kochen bringen, Natron zufügen und vom Herd nehmen. Nicht erschrecken: Das Gemisch bildet sofort eine Art Schaum und muss gleich verwendet werden.

Pretzels

Yields about 8, preparation time approx. 20 minutes + 35 minutes to rest + 15–20 minutes to bake

For the dough
3 3/4 cups flour
1 cake of yeast (approx. 1 1/2 oz)
1 cup lukewarm milk
1 pinch sugar
3 1/2 Tb butter, softened
1/2 tsp salt
For the lye wash
3 1/2 Tb milk
1 Tb baking soda (sodium bicarbonate)
In addition
Clear plastic wrap
Parchment paper for baking
Pastry brush
Pretzel salt. If not available, sea salt or any coarse salt slightly crushed in a mortar

Sift the flour into a bowl and create a depression in the middle. Crumble the yeast into the depression and add 4 Tb of the milk and a small pinch of sugar. Cut the butter into small pieces and distribute it with the salt along the edge of the flour. Cover with a kitchen towel and let rise for 15 minutes.

Knead until smooth, then divide the dough into 8 balls. Place the balls onto a board and immediately cover with the clear plastic wrap to keep them from drying out. Let rise again for 20 minutes.

Preheat oven to 350° F. Place a piece of baking parchment onto a baking sheet. Take a ball of dough from under the plastic wrap and form it into a sausage approximately 20 in long, leaving the middle thicker than the ends. Take one end in each hand and twist the strand twice to make the typical pretzel knot. Then lay and lightly press both ends onto each of the pretzel's outer curves.

Place all the pretzels onto the baking sheet and cover with a kitchen towel.

Bring the milk to a boil, add the baking soda and remove from the heat. Don't be alarmed: the mixture will foam up – it must be used immediately.

Apply the wash evenly with a pastry brush. Then make a cut

Mit einem Pinsel die Lauge gleichmäßig auf den Brezen verteilen. Dann die Teigoberflächen an den dicksten Teilen mit einem scharfen Messer einschneiden und die Brezen mit Salz bestreuen. Sofort in den vorgeheizten Ofen schieben. Die Laugenbrezen sind nach ca. 15–20 Minuten fertig.

Tipp: Laugenbrezen lassen sich nach dem Abkühlen gut einfrieren. Nach dem Auftauen kurz im Backofen aufbacken oder in die Mikrowelle geben.

in the surface of the thickest part of the pretzels with a sharp knife and sprinkle with the salt. Immediately place into the preheated oven. The pretzels will bake in about 15–20 minutes.

Tips & Hints: Pretzels can be frozen after they have cooled. Warm them briefly after defrosting in the oven or in the microwave.

Wurstsalat
Sausage Salad

Zubereitungszeit ca. 15 Minuten

500 g Fleischwurst (z.B. Lyoner, Dicke oder Regensburger), gehäutet und in hauchdünne Scheiben geschnitten
2 rote Zwiebeln, in dünne Ringe geschnitten
3 EL Weißweinessig
3 EL Pflanzenöl
1 EL Wasser
Salz
Pfeffer
2 EL Schnittlauchröllchen

Die Wurstscheiben auf einem großen Teller oder einer Platte fächerförmig anrichten. Die Zwiebelringe auf der Wurst verteilen. Essig, Öl und Wasser in einer kleinen Schüssel vermengen, mit Salz und Pfeffer abschmecken und über die Wurst und die Zwiebeln geben. Mit den Schnittlauchröllchen garnieren. Dazu schmecken am besten frisches Bauernbrot und ein helles Bier.

Tipp: Aus einem original bayerischen Wurstsalat wird durch die Zugabe von dünn geschnittenen Käsestreifen, wie Emmentaler, der so genannte »Schweizer Wurstsalat«.

Preparation time approx. 15 minutes

2 1/4 cups knackwurst, skinned and cut into paper-thin slices
2 medium-sized red onions, sliced into paper-thin rings
3 Tb white wine vinegar
3 Tb vegetable oil
1 Tb water
Salt
Pepper
2 Tb chives chopped into tiny rolls

Arrange the sausage slices in fan fashion on a large plate or a platter. Spread the onion rings over the meat slices. Combine the vinegar, oil and water in a small bowl adding salt and pepper to taste. Pour the dressing over the sausage and the onions. Garnish with the chive rolls.
The best accompaniment for this dish is fresh sourdough rye and beer.

Tips & Hints: You can turn this real Bavarian dish into *Schweizer Wurstsalat* (Swiss Sausage Salad) by adding thinly sliced strips of a cheese such as emmentaler.

Selbstgemachter Hausmachersenf
Homemade Sweet Mustard

Senf spielt im Rahmen einer zünftigen bayerischen Brotzeit eine wichtige Rolle. Den süßen „Hausmachersenf" isst man traditionell zur Weißwurst (s. S. 24) oder zum Leberkäs.

Zubereitungszeit ca. 30 Minuten + 5 Tage Ruhezeit

250 ml Wasser
250 ml Weißweinessig
125 g brauner Zucker
1 Lorbeerblatt
1 Zwiebel, geschält
3 Nelken
100g süßes Senfmehl
25 g scharfes Senfmehl

Wasser, Essig, Zucker und Lorbeerblatt in einen Topf geben. Die Zwiebel mit den Nelken spicken und zu den anderen Zutaten geben. Alles zusammen aufkochen lassen. Dann vom Herd nehmen und abkühlen lassen.
Süßes und scharfes Senfmehl in eine Schüssel geben und mit dem abgekühlten Sud (Zwiebel und Lorbeerblatt entfernen) übergießen; gut verrühren. Den Senf fünf Tage lang zugedeckt im Kühlschrank ruhen lassen. Anschließend in ein Glas abfüllen und gut verschließen. Der Hausmachersenf hält sich kühl gestellt mehrere Monate.

Tipp: Zusätzlich 1–2 TL frischer, geriebener Kren (Meerrettich) verleiht dem Senf eine appetitanregende Schärfe.

Mustard plays a pivotal role in a traditional *Brotzeit.* Sweet homemade mustard is the condiment of choice with *Weißwurst,* a white veal sausage (see p. 24) or *Leberkäs.*

Preparation time approx. 30 minutes + 5 days to marinate

1 cup water
1 cup white wine vinegar
1/2 cup brown sugar
1 bay leaf
1 onion, peeled
3 cloves
1/2 cup powered yellow mustard
1 1/2 Tb powdered regular mustard

Place water, vinegar, sugar and bay leaf in a pot. Insert the cloves into the onion and add to the other ingredients. Bring to a boil, remove the pot from the heat and set aside to cool.

Measure the yellow and regular mustard into a bowl and pour in the cooled cooking liquid, making sure to remove the onion and bay leaf. Stir well. Cover and refrigerate for five days. Place in a jar and seal tightly. Homemade sweet mustard will keep in the refrigerator for several months.

Tips & Hints: Stirring in 1–2 tsp of freshly grated horseradish will lend your homemade mustard an appetizing zing.

Suppen
Soups

Suppen kommen in bayerischen Gaststätten meist als deftige Einleitung für Braten und andere Fleischgerichte auf den Tisch. Und eine traditionelle Bauernhochzeit auf dem Land ist ohne Hochzeitssuppe nur eine halbe Sache. Grundlage für alle klaren Suppen ist immer eine kräftige Fleischbrühe. (Das Rezept dazu auf Seite 36) Sie können aber auch mit einer weniger gehaltvollen Gemüsebrühe experimentieren. Und wenn es einmal schnell gehen soll, tut es selbstverständlich auch die Instant-Variante.
In einer original bayerischen Hochzeitssuppe sollten übrigens grundsätzlich dreierlei verschiedene Einlagen schwimmen, z.B. ein Grießnockerl, eine Hand voll Frittaten (Pfannkuchenstreifen) und ein kleiner Brät- oder Leberknödel. Das bringt dem Brautpaar Glück.

Soup is usually served up in Bavarian restaurants as a hearty harbinger of roasts and other meat dishes, and a traditional country wedding without a *Hochzeitssuppe* – bridal broth – is like a wedding without the groom. The base for all clear soups is always a full-bodied meat stock. (You will find the recipe on page 36) However, you can try something a little less hearty such as a vegetable stock. In a pinch, you can also use any of the instant varieties.

To assure the newly wedded couple luck, an authentic Bavarian *Hochzeitssuppe* should always have three garnishes such as a *Griessnockerl* (a spoon-sized farina dumpling), a handful of *Pfannkuchenstreifen* (strips of crepes), and a small liver or sausage dumpling.

Brezensuppe
Pretzel Soup

Zubereitungszeit ca. 45 Minuten

4 altbackene Brezen, überwiegend vom Salz befreit
750 ml kaltes Wasser
2 EL Butter
1 große Zwiebel, in feine Würfel geschnitten
400 ml Brühe, Fleisch- oder Gemüsebrühe
1 Eigelb
4 EL Sahne
50 g Bergkäse, gerieben
Salz
Pfeffer
Muskat
Außerdem
Zusätzlich heiße Brühe, falls die Suppe zu dick geworden ist

Die Brezen in feine Scheiben schneiden, in eine Schüssel legen und mit kaltem Wasser begießen.
Wenn die Brezenscheibchen weich sind, Butter in einem Topf erhitzen und die Zwiebeln darin glasig dünsten. Brezenstücke und Wasser zu den Zwiebeln geben, mit Brühe aufgießen, Hitze reduzieren und ca. 10–15 Minuten sanft köcheln lassen.
Falls nötig, zusätzlich Brühe zugießen. Das Eigelb mit der Sahne verrühren und unter die Suppe rühren, dies nennt man im Fachjargon „legieren". Danach darf die Suppe nicht mehr kochen!
Bergkäse unterrühren und zum Schluss mit Salz, Pfeffer und Muskat abschmecken.

Preparation time approx. 45 minutes

4 stale pretzels with the salt removed
3 1/4 cups cold water
2 Tb butter
1 large onion, finely diced
1 3/4 cups broth, meat or vegetable
1 egg yolk
4 Tb cream
1/4 cup gruyere-type cheese, grated
Salt
Pepper
Nutmeg
In addition
Hot broth for thinning, should the soup become too thick

Cut the pretzels into thin slices, place into a bowl and pour over the cold water.
When the pretzel slices are soft, heat the butter in a pot and sauté the onions until translucent. Add the pretzel slices and water to the onions and then add the stock. Reduce the heat and let simmer for about 10–15 minutes.

If necessary, thin with more stock. Beat the egg yolk with the cream, then stir into the soup. (Cooks refer to this as a binder.) Once you have added the yolk mixture to the soup, you cannot bring the soup to a boil again!
Stir in the grated cheese and salt, pepper and nutmeg to taste.

Grießnockerlsuppe
Farina Dumpling Soup

Zubereitungszeit ca. 30 Minuten
+ 30 Minuten Ruhezeit

4 EL weiche Butter
1/2 TL Salz
1 große Prise gemahlene Muskatnuss
2 Eier
200 g Hartweizengrieß
1 l Fleisch- oder Gemüsebrühe
2 EL Petersilie, grob gehackt

Damit feine, zarte Grießnockerl gelingen, sollte man eine Faustregel beachten, die immer zum Erfolg führt: Ei schwer Boden – doppelt Grieß. Übersetzt heißt das: 1 Ei wiegt 50 g, dazu nimmt man die gleiche Menge Butter, das sind 2 EL (= 50 g) und 100 g Grieß, also doppelt soviel wie die Eier wiegen.
Die Butter in eine Schüssel geben und mit dem Rührgerät schaumig schlagen. Salz und Muskatnuss zugeben und unterrühren. Eier und Grieß unterrühren, bis ein fester Teig entsteht. Die Schüssel mit einem Küchentuch bedecken und den Teig 30 Minuten ruhen lassen. Nicht kalt stellen!
Die Brühe in einem Topf zum Kochen bringen. Zwei Teelöffel mit Wasser anfeuchten, Teig portionsweise abstechen und mit den Löffeln kleine Nocken formen. Diese in die kochende Brühe geben und die Hitze sofort reduzieren.
Die Grießnockerl zugedeckt 15 Minuten in der Brühe ziehen lassen. Sie sind gar, wenn sie innen nicht mehr hart sind.
Zum Anrichten die Nockerl in vorgewärmte Suppenteller geben und mit der heißen Brühe übergießen. Anschließend mit gehackter Petersilie bestreuen.

Preparation time approx. 30 minutes
+ 30 minutes to rest

4 Tb softened butter
1/2 tsp salt
1 large pinch ground nutmeg
2 eggs
7/8 cup farina
4 1/4 cups meat or vegetable broth
2 Tb parsley, coarsely chopped

There is a rule of thumb to ensure the correct proportions for delicate dumplings: *Ei schwer Boden – doppelt Grieß.* This means that the proportion of farina to egg should be two to one (in weight). If one egg weighs 1 1/2 oz you will therefore need 3 oz farina. For shortening, use 2 Tb of butter, which weighs as much as one egg.
Place the butter into a bowl and beat with an electric beater until creamy. Then blend in the salt and nutmeg. Gradually stir in the eggs and the farina until the dough is firm. Cover the bowl with a kitchen towel and allow the mixture to rest 30 minutes. Do not refrigerate.
Bring the stock to a boil. Dip two teaspoons in water and form dumplings with them. Drop the dumplings into the boiling stock and immediately lower the heat.

Cover the pot and allow the dumplings to simmer for 15 minutes. They are done when the centers are no longer hard.
To serve, place the dumplings into warmed soup bowls and ladle the warm broth over them. Garnish with parsley.

Kartoffel-Graupen-Suppe mit Hasenöhrl
Potato Barley Soup with Rabbit Ears

Für die Hasenöhrl: ergibt ca. 50 Stück, Zubereitungszeit ca. 1 Stunde

- 500 g Mehl
- 2 EL zerlassene Butter
- 1 Msp Backpulver
- 300 g saure Sahne
- 1 Ei
- geriebene Zitronenschale von 1 unbehandelten Zitrone
- 75 ml kaltes Wasser

Außerdem

Heißes Fett zum Fritieren. Ideal ist ein Gemisch aus je 250 g gehärtetem Pflanzenfett und Butterschmalz

For the rabbit ears: Yields about 50 ears, preparation time approx. 1 hour

- 3 3/4 cups flour
- 2 Tb melted butter
- 1 pinch baking powder
- 1 1/3 cups sour cream
- 1 egg
- 1 grated lemon rind
- 1/3 cup cold water

In addition

Oil for frying. Ideal for frying is a blend of 1 cup each of vegetable shortening and clarified butter

Für die Suppe; Zubereitungszeit ca. 40 Minuten

- 1 EL Butter
- 250 g vorwiegend festkochende Kartoffeln, geschält und in Würfel geschnitten
- 1 Stange Lauch, gewaschen und in feine Ringe geschnitten
- 2 gelbe Rüben, geschält und gewürfelt
- 1/2 Knollensellerie, geschält und gewürfelt
- 100 g Gerstengraupen
- Ca. 1,5 l Gemüsebrühe
- Salz
- Pfeffer
- 1 TL getrockneten Majoran
- 1 EL Petersilie, fein gehackt

For the soup; Preparation time approx. 40 minutes

- 1 Tb butter
- 1/2 lb potatoes (predominantly Maine, low starch variety), peeled and diced
- 1 leak, washed and cut into thin rings
- 2 carrots, peeled and diced
- 1/2 celery root, peeled and finely diced
- 1/3 cup barley
- Approx. 6 1/2 cups vegetable broth
- Salt
- Pepper
- 1 tsp dried marjoram
- 1 Tb parsley, finely chopped

Hasenöhrl

Das Mehl in eine Schüssel geben und mit der lauwarmen flüssigen Butter übergießen, dann die restlichen Zutaten und das Ei dazu geben und alles zu einem glatten Teig verarbeiten. Zugedeckt 15 Minuten im Kühlschrank ruhen lassen.

Die Arbeitsfläche mit Mehl bestäuben und den Teig messerrückendick ausrollen, danach in längliche Rauten schneiden.

Das Fett im Topf erhitzen und die Teigrauten portionsweise in 1–2 Minuten auf beiden Seiten goldbraun frittieren. Um zu prüfen, ob das Fett die richtige Temperatur hat, halten Sie den Stiel eines Holzkochlöffels hinein. Wenn sich entlang des Stiels feine Bläschen bilden, können Sie loslegen!

Die fertigen Hasenöhrl mit einer Schaumkelle aus dem Fett nehmen und auf einem sauberen Küchentuch oder saugfähigen Haushaltstüchern abtropfen lassen.

Einen Teil der Gebäckteilchen noch warm mit Puderzucker bestäuben und für den Nachmittagskaffee beiseite stellen. Den Rest auf einer Platte anrichten und im Backofen bei niedrigster Temperatur, bis die Suppe fertig ist, warm stellen. Übriggebliebene Hasenöhrl lassen sich gut einfrieren.

Rabbit Ears

Place the flour into the bowl. Pour the lukewarm melted butter over the flour and add the remaining ingredients including the egg. Mix all the ingredients until the dough is smooth. Cover and refrigerate for 15 minutes.

Dust the work surface with flour and roll the dough out to 1/16 of an inch thick. Cut diagonally into elongated diamond shapes.

Heat the oil in the pot and fry a portion of the rabbit ears for 1–2 minutes on both sides until they are golden brown. To check whether the oil is hot enough, first insert the handle of a wooden spoon into the oil. If tiny bubbles rise along the handle, you can start in.

Remove the rabbit ears with a skimmer and drain on a clean dish towel or absorbent paper towels.

Sprinkle a portion of the ears with powdered sugar while still warm to serve with afternoon coffee. Arrange the rest of the ears on a platter and keep warm in the oven at very low temperature until the soup is done.

By the way, rabbit ears keep in the freezer quite nicely.

Kartoffel-Graupen-Suppe

In einem großen Topf die Butter erhitzen, das Gemüse und die Gerstengraupen zugeben und unter ständigem Rühren andünsten. Mit Brühe aufgießen und mit Salz, Pfeffer und Majoran abschmecken. Aufkochen lassen und dann 25–30 Minuten bei reduzierter Hitze gar köcheln. Vom Herd nehmen, Petersilie dazu geben und zugedeckt noch 5 Minuten ziehen lassen. Zusammen mit den warmen Hasenöhrl, die traditionell in die Suppe getunkt werden, servieren.

Potato Barley Soup

Melt the butter in a large pot. Add the vegetables and the barley and sauté, stirring constantly. Add the stock and season to taste with salt, pepper and marjoram. Bring to a boil, then reduce the heat to a simmer for 25–30 minutes. Remove from heat and add the parsley. Cover again and simmer an additional 5 minutes.

Serve the soup with the warm rabbit ears which are traditionally dunked into the soup.

Grundrezept für klare Fleischbrühe

Basic Recipe for Clear Beef Stock or Broth

Zubereitungszeit ca. 2 Stunden

- Ca. 800 g Beinscheibe vom Rind
- 2 gelbe Rüben, geschält
- 1 kleine Stange Lauch, gewaschen
- 1 kleiner Knollensellerie, geschält und geviertelt
- 2 Petersilienwurzeln, geschält
- 1 Bund Petersilie
- 1 mittelgroße Zwiebel, geschält, halbiert und in einer Pfanne, ohne Fett, an den Schnittseiten schwarz angebrannt. Das gibt der Fleischbrühe Farbe
- 3 getrocknete Wacholderbeeren
- 3 Pimentkörner
- 2–3 getrocknete Lorbeerblätter
- 1 TL schwarze Pfefferkörner
- 1 TL Salz

Alle Zutaten, außer dem Salz, in einen großen Topf geben und mit ca. 1,5 l kaltem Wasser aufgießen. Das Ganze aufkochen lassen. Hitze reduzieren und ca. 1 1/2 Stunden leicht köcheln lassen. Anschließend die Beinscheibe entfernen und die Brühe durch ein Sieb abgießen. Erst zum Schluss salzen!

Tipps: Das Beinfleisch, vom Knochen gelöst und fein aufgeschnitten, ist für sich schon eine wohlschmeckende Suppeneinlage. Sie können das Fleisch aber auch in dünne Scheibchen schneiden und lauwarm oder kalt mit Apfelkren (s. S. 58) zur Brotzeit servieren.
Sehr lecker schmeckt das erkaltete Beinfleisch auf Bauernbrot mit Remoulade.
Als Suppeneinlage eignen sich z.B. Pfannkuchenstreifen, Suppennudeln, Leberknödel oder Grießnockerl.
Fleischbrühe läßt sich gut einfrieren.

Preparation time approx. 2 hours

- Approx. 1 3/4 lb beef shin
- 2 carrots, peeled
- 1 small leek, washed
- 1 small celery root, peeled and quartered
- 2 parsnips, peeled
- 1 bunch of parsley
- 1 medium-sized onion, peeled, halved and seared black on the flat side in a pan, without fat. This will impart color to the broth.
- 3 dried juniper berries
- 3 whole allspice berries
- 2–3 dried bay leaves
- 1 tsp black peppercorns
- 1 tsp salt

Place all the ingredients, except the salt, into a large pot with 6 1/2 cups of cold water. Bring to a boil, then reduce the heat and maintain at a low simmer for about 1 1/2 hours. Remove the beef shin and strain the stock.
Add salt only at the end.

Tips & Hints: Remove the meat from the shinbone and chop finely to make a tasty soup garnish. You can also cut the meat into thin strips and serve warm or cold with horseradish for a light meal (see p. 58).
The meat is delicious cold on whole-grain sourdough bread with remoulade.

Other appropriate soup garnishes are strips of crepes, noodles, liver- or farina dumplings.
Beef stock freezes well.

Leberknödelsuppe
Liver Dumpling Soup

ergibt ca. 8–10 Stück;
Zubereitungszeit ca. 1 Stunde

8 altbackene Semmeln oder ca. 500 g altbackenes Weißbrot, in feine Scheiben geschnitten
Ca. 500 ml lauwarme Milch
Ca. 300 g Rinderleber, gewaschen und von allen Häutchen befreit
2 EL Butter
1 mittelgroße Zwiebel, in feine Würfel geschnitten
1 Bund Petersilie, fein gehackt
3 Eier
2 TL getrockneter Majoran
1/2 TL geriebene Schale von 1 unbehandelten Zitrone
Salz
Pfeffer
1 Prise Muskat
Schnittlauchröllchen oder frischer Majoran zum Garnieren
Außerdem
Ca. 1,5 l Fleischbrühe
Fleischwolf

Die Semmeln in eine Schüssel geben und mit der lauwarmen Milch übergießen. Zugedeckt ca. 30 Minuten ziehen lassen. Währenddessen die Rinderleber durch die feinste Lochscheibe des Fleischwolfs drehen oder – falls kein Fleischwolf vorhanden – mit einem scharfen Messer sehr fein hacken.
Butter in einer Pfanne erhitzen, die Zwiebel und die Petersilie kurz darin andünsten.
Den Pfanneninhalt, die Rinderleber und alle restlichen Zutaten zu der Semmelmasse geben und gut durchkneten. Dabei sollte die Konsistenz der Knödelmasse etwas weicher sein als beispielsweise beim Semmelknödel, da Leber eine bindende Wirkung hat. Knödel formen.
Reichlich Wasser in einem großen Topf zum Kochen bringen,

Yields about 8–10 dumplings;
Preparation time approx. 1 hour

8 stale rolls or about 1 lb stale white bread, cut into thin slices
Approx. 2 1/4 cups lukewarm milk
Approx. 10 1/2 oz beef liver, rinsed, with membrane removed
2 Tb butter
1 medium-sized onion, finely diced
1 bunch of parsley, finely chopped
3 eggs
2 tsp dried marjoram
1/2 tsp grated lemon peel
Salt
Pepper
1 pinch nutmeg
Garnish with chives cut into tiny rolls or fresh marjoram
In addition
Approx. 6 1/2 cups beef stock
Meat grinder

Place the bread into a bowl and pour over the lukewarm milk. Cover the bowl and allow the bread to soak for about 30 minutes. Meanwhile process the liver in the meat grinder using the smallest hole size. If a meat grinder is not available, use a sharp knife to finely chop the liver.
Melt butter in a pan, sauté the onion and parsley briefly.

Add the sautéed onion and parsley, the liver and the remaining ingredients to the bread/milk mixture in the bowl and combine well. The consistency of the raw dumpling mixture will be somewhat softer than, say, for bread dumplings since liver will naturally bind. Form the dumplings.
Bring a large pot of salted water to a boil and add the dump-

salzen und Knödel zugeben. Hitze leicht reduzieren und Leberknödel bei halboffenem Deckel 20–30 Minuten gar köcheln.
Zum Servieren je einen Leberknödel in vorgewärmte Suppenteller geben, mit heißer Fleischbrühe (s. S. 36) übergießen und mit Schnittlauch oder Majoran garnieren.

lings. Lower the heat slightly and cook half-covered for 20–30 minutes until done.

Place one liver dumpling in each warm soup bowl, ladle the hot broth (see p. 36) over it and garnish with chopped chives or marjoram.

Tipp: Leberknödel schmecken nicht nur als Suppeneinlage gut. Ein klassischer Begleiter zum Leberknödel ist in Bayern das Sauerkraut (s. S. 72), dann allerdings als Hauptspeise.

Tips & Hints: *Leberknödel* are delicious not only as a soup garnish. In Bavaria they are often served with sauerkraut as a main course (see p. 72).

Schwammerl mit Semmelknödel
Wild Mushroom Stew with Dumpling

Zubereitungszeit ca. 45 Minuten

Schwammerl, so werden in großen Teilen Bayerns die Pilze genannt, dürfen auf keiner herbstlichen Tafel fehlen. Bereits Ende August zieht es passionierte Schwammerlsucher hinaus in die Wälder und Berge. Der König der Schwammerl ist natürlich der Steinpilz, der mit seinem unvergleichlich kräftigen Geschmack eine jede Schwammerlsuppe bereichert.

Rezept Semmelknödel siehe Beilagen

Schwammerl

1–2 EL Butter
2 mittelgroße Zwiebeln, in feine Würfel geschnitten
1 TL Mehl
500 g Schwammerl, am besten gemischte Waldpilze, wie z. B. Reherl (Pfifferlinge), Steinpilze oder Birkenpilze. Champignons oder Egerlinge aus dem Supermarkt gehen zur Not auch, entfalten aber nicht dieses einzigartige Aroma
2 EL Sauerrahm
Evtl. 1/8–1/4 l Wasser oder Brühe
1 Bund Petersilie, fein gehackt
Salz
Pfeffer

Die Semmelknödel (wie auf S. 92 beschrieben) zubereiten. Während die Semmelknödelmasse ruht, Schwammerl putzen. Dabei werden Schmutz und Erde mit einem Messer sacht entfernt. Schwammerl keinesfalls waschen, sie saugen sich sonst mit Wasser voll und werden matschig!
Semmelknödel ins kochende Wasser setzen und bei reduzierter Hitze sieden lassen.

Preparation time approx. 45 minutes

Wild mushrooms or *Schwammerl*, as they are called in most of Bavaria, are a must on every table in autumn. You will find passionate mushroom gatherers scouring the forests and the mountains beginning in late August. The king of all wild mushrooms is the *Steinpilz* whose unrivaled intensity enriches any bowl of mushroom soup.

For the recipe for *Semmelknödel*, see Side Dishes

Wild Mushroom Stew

1–2 Tb butter
2 medium-sized onions, finely diced
1 tsp flour
2 1/4 cups wild mushrooms, preferably a mixture of chanterelles, cep or porcini or common scaber stalk. White and brown-cap mushrooms from the supermarket will do in a pinch but they will not develop the same unique aroma
3 Tb sour cream
Optional: 1/2–1 cup water or broth
1 bunch of parsley, finely chopped
Salt
Pepper

Make the *Semmelknödel* (as described on p. 92). While the dumpling mixture is resting, clean the mushrooms. Remove dirt gently with a knife. Never wash mushrooms: they will absorb water and become mushy.

Add the dumplings to the boiling water; then lower heat and simmer.

Daneben in einem Topf Butter erhitzen, Zwiebeln zugeben und glasig dünsten. Dann Mehl darüber stäuben und goldgelb rösten. Anschließend Schwammerl zugeben und gut umrühren.
Hitze reduzieren und auf bei geschlossenem Deckel ca. 15 Minuten schmoren lassen.
Knödel aus dem Wasser nehmen und vorübergehend in eine vorgewärmte Schüssel geben, zudecken.
Sauerrahm zu den Pilzen geben. Nochmals kurz aufkochen lassen. Falls das Ganze zu dickflüssig wird, etwas Wasser oder Brühe zugeben. Den Topf vom Herd nehmen und Petersilie unterrühren. Mit Salz und Pfeffer abschmecken.
Zum Servieren Schwammerl in vorgewärmte Suppenteller füllen und einen Semmelknödel obenauf platzieren.

Tipp: Dieses Gericht eignet sich auch hervorragend als leichtes Hauptgericht. Dazu wird z.B. gemischter Salat gereicht.

Meanwhile, melt butter in a pot. Add the onions and sauté until translucent. Sprinkle the flour over the sautéed onions and continue to sauté until golden brown. Add the mushrooms and stir well.
Lower heat, cover and simmer on low for about 15 minutes.

Remove the dumplings from the water and keep them covered in a warm bowl.
Add the sour cream to the mushrooms and bring to a boil briefly. Should the sauce become too thick, thin with water or broth. Remove the pot from the heat and stir in the chopped parsley. Salt and pepper to taste.
To serve, fill a warm soup bowl with the mushroom stew and place a dumpling on top.

Tips & Hints: This dish makes the perfect light meal accompanied, perhaps, by a salad.

Einbrennsuppe (Brennsupp'n)
Scorched Soup

Zubereitungszeit ca. 1 Stunde 15 Minuten

Die Einbrennsuppe ist keine „verbrannte Suppe", wie man vielleicht vermuten könnte. Eine dunkle Mehlschwitze, in Bayern „Einbrenn" genannt, hat dieser kräftigen und nahrhaften Suppe ihren Namen gegeben. Früher wurde die Brennsupp'n hauptsächlich in den Wintermonaten zubereitet. In warme Tücher verpackt brachte man den Topf mit der Suppe hinaus in die Wälder, um den Holzarbeitern eine solide und sättigende Mahlzeit für ihre schwere Arbeit zu geben. Die Brennsupp'n galt lange Zeit als „Armeleuteessen". Und ein altes bayerisches Sprichwort bezeichnet jemanden, der „auf der Brennsupp'n daher schwimmt", als einen an materiellen und geistigen Dingen armen Menschen.

8 EL Butter
4 EL Mehl
1 kleine Zwiebel, fein gehackt
ca. 1,5 l Wasser oder Fleisch- bzw. Gemüsebrühe
2 getrocknete Lorbeerblätter
1 TL getrocknete Wacholderbeeren
5 schwarze Pfefferkörner
5 getrocknete Koriandersamen
Pfeffer
Salz
Evtl. 2 EL Weißwein- oder Obstessig
100 g Sahne

In einem schweren Topf Butter erhitzen. Hitze reduzieren. Das Mehl einrühren und leicht anbräunen lassen. Zwiebeln zufügen. Mehl und Zwiebeln müssen nun solange gerührt werden, bis die Einbrenn die Farbe von Nougat und einen kräftigen Röstgeschmack hat. Die Einbrenn nicht zu dunkel werden lassen, sonst schmeckt die Suppe bitter!

Preparation time approx. 1 hour and 15 minutes

Einbrennsuppe is not really scorched, as one might infer from the German name. The name for this full-bodied, nutritious soup derives from a fat and flour mixture (roux) browned or, as the Bavarians would say, *Einbrenn* (scorched). In the old days, people made *Brennsupp'n* predominantly during the cold winter months. The soup would be wrapped in warm towels and brought to hard-working lumberjacks in the forests, providing them with a wholesome and filling meal.
Brennsupp'n was long considered a poor-man's dish. In fact, there's an old Bavarian saying "*auf der Brennsupp'n daher schwimmen*" (literally "swimming in scorched soup"), referring to someone who leads a very meager existence.

8 Tb butter
4 Tb flour
1 small onion, finely chopped
Approx. 6 1/2 cups water or meat or vegetable broth
2 dried bay leaves
1 tsp dried juniper berries
5 black peppercorns
5 dried coriander seeds
Pepper
Salt
Optional: 2 Tb white wine or cider vinegar
7 Tb cream

Heat the butter in a heavy pot. Reduce the heat, stir in the flour and brown lightly. Add the onions. Continue to stir the flour and onion mixture until it turns the color of nougat and develops an intense roasted flavor.
Be careful not to let it get too dark or else it will impart a bitter taste to the soup.

Den Topf vom Herd nehmen und unter ständigem Rühren Wasser oder Brühe zugeben. Anschließend erneut auf den Herd stellen und das Ganze 10 Minuten köcheln lassen.
Die Gewürze zugeben, dabei mehrmals umrühren, um ein Ansetzen zu vermeiden.
Anschließend die Suppe durch ein Sieb geben und mit Salz, Pfeffer und nach Geschmack mit Essig abrunden. Zum Schluss die Sahne steif schlagen und unter die Suppe rühren.

Als Suppeneinlage eignen sich in Fett geröstete Grau- oder Weißbrotwürfel.

Remove the pot from the heat and add the water or stock, stirring constantly. Return to heat and cook for 10 more minutes.
Add the spices, stirring frequently to prevent a skin from forming.
Strain the soup and season with salt and pepper; and add vinegar to taste. Finish by whipping the cream until stiff and folding it into the soup.

Garnish with rye or white croutons sautéed in fat.

Brotsuppe mit Bier
Bread Soup with Beer

Zubereitungszeit ca. 30 Minuten

2 EL Butter- oder Schweineschmalz
2 mittelgroße Zwiebeln, in feine Ringe geschnitten
1,5 l Fleischbrühe
Salz
Pfeffer
500 ml starkes, helles Bier, z. B. Bockbier
4 Scheiben Bauernbrot, z. B. Roggenbrot, jeweils in vier gleich große Teile geschnitten
2 EL Butter
1 Bund Schnittlauch, in Röllchen geschnitten

Das Schmalz in einer Pfanne heiß werden lassen und die Zwiebelringe darin goldbraun rösten. Die Fleischbrühe in einem großen Topf erhitzen und mit Salz und Pfeffer abschmecken. Die Zwiebelringe in die Brühe geben und bei kleiner Hitze ca. 15–20 Minuten zugedeckt ziehen lassen.
Das Bier in eine Schüssel geben, die Brotstücke darin einweichen und anschließend sanft mit den Händen ausdrücken. Die Butter in einer Pfanne erhitzen und die Brotscheiben darin knusprig ausbacken.
Zum Servieren die warmen Brotscheiben in vorgewärmte tiefe Teller legen und mit der heißen Brühe aufgießen. Mit Schnittlauchröllchen garnieren.

Preparation time approx. 30 minutes

2 Tb clarified butter or pork fat
2 medium-sized onions, sliced into thin rings
6 1/2 cups meat broth
Salt
Pepper
2 1/4 cups bock beer
4 slices of whole-grain sourdough bread, such as sourdough rye, cut into quarters
2 Tb butter
1 bunch of chives, cut into tiny rolls

Heat butter or pork fat in a pan and sauté the onion rings until golden brown. Heat the meat stock in a large pot and season with salt and pepper. Add the sautéed onions to the stock and simmer covered over low heat for about 15–20 minutes.

Pour the beer into a bowl and add the bread. Once the bread has softened, gently squeeze out excess liquid by hand. Heat the butter in a pan and toast the bread until crisp.

To serve, place the toasted pieces of bread in warmed deep soup bowls and ladle the hot soup over them. Garnish with the chopped chives.

Hauptspeisen
Main Courses

Traditionell isst man in Bayern deftig, so ist es kein Wunder, dass als Hauptspeise eines üppigen Mahles vor allem Fleisch in Form von Braten, Haxen oder Eintopf auf den Tisch kommt. Fisch galt lange Zeit als Fastenspeise. In bäuerlichen und ärmeren Regionen ersetzten früher oft schmackhafte Mehlspeisen (siehe Süßes) den leckeren Braten, der, wenn überhaupt, nur an hohen Kirchentagen im Ofen brutzelte.
Aber allen Unkenrufen zum Trotz sind die Ureinwohner Bayerns ein weltoffenes Völkchen, und so wird heutzutage in Sachen Genuß auch gerne über den heimischen Tellerrand geblickt. In den angestammten Gast- und Wirtshäusern allerdings werden regionale Gerichte bis heute ganz groß geschrieben. Und wenn dann der Duft von frischer Kalbshaxe durch die Gaststube zieht und die Kellnerin ein schaumgekröntes Bier serviert, dann weiß man, warum man hierzulande von bayerischer Gemütlichkeit spricht.

Bavarian fare is traditionally hearty so it should come as no surprise that meat, in the form of roasts, as shanks or as stews, should dominate the main course. Fish was long confinded to the Lenten table while on farms or in poorer areas tasty sweet concoctions (see *Süßes* – Dessert) would often take the place of a juicy roast. The latter would sizzle in the oven, if at all, only on high holy days.

Bavarians, nevertheless, are an open-minded folk who will quite happily venture beyond the parochial plate in pursuit of 'fare' pleasures, even if local restaurants today still tout traditional cuisine. After all, when the aroma of roast veal wafts fragrantly through the dining room and a waitress brings a foam-bedecked beer to the table, one comes enticingly close to the definition of that ostensibly untranslatable word - *Gemütlichkeit.*

Ente mit Apfelfüllung aus dem Bratrohr

Oven-Roasted Duck with Apple Stuffing

Vorbereitung ca. 1–2 Stunden
+ ca. 1 1/2–2 Stunden Garzeit

1 küchenfertige Bauernente, Innereien zum Braten beiseite legen
Salz
Pfeffer
Rosenpaprika
Getrockneter Majoran
3 säuerliche Äpfel, geschält, in kleine Stückchen geschnitten
1 Bund Petersilie, fein gehackt
2 Petersilienwurzeln, geschält in grobe Stücke geschnitten
2 gelbe Rüben, geschält und in grobe Stücke geschnitten
1 großer Apfel, geschält und geviertelt
1 unbehandelte Orange, geviertelt
1 große Zwiebel, grob geviertelt
Ca. 5 cm frischer Ingwer am Stück, geschält
Ca. 500 ml Fleisch- oder Gemüsebrühe
Evtl. 250 ml heißes Wasser
Ca. 100 ml helles Bier, kalt gestellt

Die Ente zwei Stunden, bevor sie ins Bratrohr kommt, innen und außen mit Salz und Pfeffer würzen, die Außenhaut zusätzlich mit Rosenpaprika und Majoran einreiben.
Anschließend zugedeckt an einen kühlen Ort stellen.
Den Backofen auf 200° C erhitzen. Die klein geschnittenen Äpfel mit der Petersilie mischen. Die Ente aus der Kühlung nehmen und mit der Apfelmischung füllen. Die Flügel an den Gelenken abtrennen.
Petersilienwurzeln, gelbe Rüben, Apfel-, Orangen- und Zwiebelstücke zusammen mit dem Ingwer, den Innereien und den Entenflügeln in eine Bratreine geben und die Ente mit der Brustseite nach unten darauf setzen. Mit Brühe aufgießen. Die Ente darf nicht schwimmen, das Gemüse sollte als Sockel dienen! In den vorgeheizten Ofen schieben.

Preparation time approx. 1–2 hours
+ approx. 1 1/2–2 hours to roast

1 oven-ready duck, reserve innards
Salt
Pepper
Paprika
Dried marjoram
3 tart apples, peeled, cored and chopped into small pieces
1 bunch of parsley, finely chopped
2 parsnips, peeled and coarsely chopped
2 carrots, peeled and coarsely chopped
1 large apple, peeled and quartered
1 orange (skin washed), quartered
1 large onion, peeled and quartered
Approx. 2 inches fresh ginger, peeled
Approx. 2 cups meat or vegetable stock
On the side: 1 cup hot water
Approx. 1/3 cup beer, cold

Two hours prior to putting the duck in the oven, season the inner cavity and the skin with salt and pepper. Rub the skin additionally with paprika and the dried marjoram. Cover and set aside in a cool place.
Preheat the oven to 400° F. Combine the chopped apples with the parsley. If you have stored the duck in the refrigerator, take it out now and stuff it with the apple mixture. Snip off the wing tips at the first joint.
Place the apple and orange pieces, onions, ginger, innards and wings into a roasting pan. Place the duck breast side down on top and pour in the stock. Note: The duck should never be immersed in the liquid. The fruit and vegetable mixture should serve as a platform. Place roasting pan with duck into the preheated oven.

Die Ente während der Garzeit immer wieder mit der Flüssigkeit aus dem Bräter übergießen, bis der Rücken gebräunt ist. Bei Bedarf etwas heißes Wasser hinzufügen.
Das Geflügel nach ca. 45 Minuten wenden und mit der Brustseite wie oben verfahren. 15–20 Minuten vor Ende der Bratzeit die Temperatur auf 220° C erhöhen (evtl. Oberhitze), das Tier nochmals wenden und den Rücken mehrmals mit kaltem Bier übergießen, damit sich eine knusprige Haut bildet.
Nach dem Garen aus der Bratreine nehmen und vor dem Tranchieren nochmals warm stellen. Apfel, Orange, Ingwer und Zwiebel entfernen. Das Fett aus dem Bräter abschöpfen und, nachdem es abgekühlt ist, im Kühlschrank kalt stellen. Es eignet sich wunderbar als Brotaufstrich.
Die verbliebene Sauce in einen Topf geben, dabei auch den Bratensatz lösen, eventuell etwas heiße Brühe zugeben, aufkochen lassen und mit Salz und Pfeffer abschmecken

Die Ente tranchieren und mit der Fülle auf einer vorgewärmten Platte anrichten.

Mit Kartoffelknödel und Blaukraut servieren.

Baste continually with the pan juices until the back of the duck is brown. Add hot water if necessary.

Turn the bird breast-side up after about 45 minutes and continue to baste as above. 15–20 minutes before it is finished roasting, increase the temperature to 425° F; turn the duck once more and pour the cold beer over the back of the bird to give the skin an appetizing crispness.
When it is done, take the bird out of the oven and keep warm until it is time to carve. Remove the apple, orange, ginger and onion. Ladle the fat from the roasting pan into a bowl. Once cooled, refrigerate. The rendered fat makes a tasty spread on bread.
Pour the remaining pan drippings into a pot, scraping the brown bits from the bottom and sides of the roasting pan. Add some hot stock if necessary. Bring the gravy to a boil and season to taste with salt and pepper.
Carve the duck and serve with the stuffing on a warm platter.

Serve with potato dumplings and red cabbage.

Gefüllte Kalbsbrust
Stuffed Breast of Veal

Zubereitungszeit ca. 2 Stunden

5 altbackene Semmeln (oder die entsprechende Menge Weißbrot), entrindet und in feine Scheiben geschnitten
Ca. 1/8–1/4 l lauwarme Milch
2 EL Butter
1 mittelgroße Zwiebel, fein geschnitten
1 Bund Petersilie, fein gehackt
1 Bund Liebstöckel, fein gehackt
2 Eier
Salz
Pfeffer
1 Prise Muskat
1 kg ausgelöste Kalbsbrust
1 große Zwiebel, grob geschnitten
1 Petersilienwurzel, geschält und in Stücke geschnitten
1 gelbe Rübe, geschält und in Stücke geschnitten
Ca. 1/2–3/4 l heiße Fleisch- oder Gemüsebrühe; oder Kalbsfond (s. S. 36)
1 EL Mehl oder Kartoffelstärke zum Andicken der Sauce
1/8 l Weißwein
200 g Schmand oder Saure Sahne
Außerdem
Küchenzwirn zum Zunähen der Kalbsbrust

Die Semmeln in einer Schüssel mit der lauwarmen Milch übergießen und ca. 15 Minuten einweichen. Butter in einer Pfanne erhitzen, Zwiebeln und Petersilie zugeben und kurz andünsten. Die eingeweichten Semmeln fest ausdrücken und mit den Zwiebeln und der Petersilie vermengen. Liebstöckel und Eier zugeben und gut vermischen. Mit Salz, Pfeffer und Muskat abschmecken.

Den Backofen auf 200° C vorheizen. In die Kalbsbrust von der Schmalseite aus eine Tasche schneiden und mit dem Semmelgemisch füllen. Die Tasche zunähen und das Fleisch

Preparation time approx. 2 hours

5 stale rolls (or the equivalent amount of stale white bread), crust removed and thinly sliced
Approx. 1 1/2–1 cup lukewarm milk
2 Tb butter
1 medium-sized onion, finely chopped
1 bunch of parsley, finely chopped
1 bunch of lovage, finely chopped
2 eggs
Salt
Pepper
1 pinch nutmeg
2 1/4 lbs breast of veal, boned
1 large onion, coarsely chopped
1 parsnip, peeled and coarsely chopped
1 carrot, peeled and coarsely chopped
Approx. 2–3 cups hot meat or vegetable broth; or veal stock (see p. 36)
1 Tb flour or potato starch to thicken sauce
1/2 cup white wine
1 cup crème fraiche or sour cream
In addition
Kitchen string to close the breast

Pour the lukewarm milk into a bowl over the roll/bread slices and let them soak for about 15 minutes. Melt the butter in a pan, add the onions and parsley and sauté briefly. Squeeze out the roll/bread slices and combine with the onions and parsley. Add the lovage and eggs and mix well. Season with salt, pepper and nutmeg to taste.

Preheat the oven to 400° F. Starting from the narrow end, cut a pocket in the breast and fill with the bread stuffing. Sew the pocket closed and salt and pepper the meat all around.

von allen Seiten salzen und pfeffern. Die Kalbsbrust mit den grob gehackten Zwiebeln, der Petersilienwurzel und den Rübenstücken in eine Bratreine geben, mit etwas heißer Brühe übergießen und 1 1/2 Stunden braten. Dabei immer wieder mit heißer Brühe übergießen.
Die entstandene Sauce nach dem Braten abseien und in einen Topf geben. Nochmals aufkochen lassen. Mit Mehl oder Kartoffelstärke leicht andicken, Weißwein und Schmand oder saure Sahne zugeben und mit Salz und Pfeffer abschmecken. Den Braten in Scheiben schneiden, mit Sauce anrichten.

Zur Kalbsbrust passt am besten frischer, gemischter Salat oder warmer Krautsalat.

Tipp: Sehr fein schmeckt die Kalbsbrust, wenn Sie der Fülle in feine Streifen geschnittenes und gedünstetes Wurzelgemüse, wie z.B. Sellerie, gelbe Rüben, Petersilienwurzeln und Lauch zufügen.

Place the breast in a roasting pan along with the chunks of onions, parsnips and carrots. Pour some of the hot stock over it and roast for 1 1/2 hours. Baste frequently with more of the hot stock.

Strain the pan drippings into a pot and bring once more to a boil. Thicken slightly with flour or potato starch. Add the wine and the crème fraiche or sour cream, seasoning to taste with salt and pepper. Slice the roast and serve with the sauce.

The best accompaniment to stuffed breast of veal is either fresh salad or warm cabbage salad.

Tips & Hints: The addition of steamed aromatic root vegetables such as celery, carrots, parsnips and leek to the stuffing will enhance the flavors. Cut the vegetables into thin strips.

Kalbshaxe
Roast Veal Shank

für 4–6 Personen; Zubereitungszeit ca. 30 Minuten + Garzeit ca. 1 1/2–2 1/2 Stunden

1 hintere Kalbshaxe (ca. 2 kg)
Rosenpaprika
Salz
Pfeffer
Gemahlener Kümmel
Getrockneter Majoran
2 EL Butterschmalz
2 mittelgroße vorwiegend festkochende Kartoffeln, geschält und in grobe Stücke geschnitten
3 Knoblauchzehen
1 mittelgroße Zwiebel, geschält und grob geviertelt
1/2 Stange Lauch, in ca. 5 cm lange Stücke geschnitten
1/2 kleine Knollensellerie, geschält, in Stücke geschnitten
2 gelbe Rüben, geschält und grob gewürfelt
Ca. 3–5 cm frischer Ingwer, geschält
1 l Fleisch- oder Gemüsebrühe
Ca. 300–500 ml dunkles Bier

Die Kalbshaxe waschen, mit einem Küchentuch trocken tupfen und mit den Gewürzen einreiben.
Das Butterschmalz in einer großen Bratreine auf dem Herd erhitzen und die Kalbshaxe von allen Seiten gut anbraten. Den Backofen auf 200° C erhitzen.
Das Gemüse zur Kalbshaxe geben und mitbraten. Das Ganze ins Rohr schieben und, je nach Größe der Haxe, 1 1/2 – 2 1/2 Stunden garen. Dabei die Kalbshaxe immer wieder abwechselnd mit Brühe und dunklem Bier übergießen.
Die Kalbshaxe aus der Bratreine nehmen und warm stellen. Die Sauce durch ein Sieb passieren. Den Ingwer entfernen. Einen Teil des Gemüses pürieren und mit der Bratensauce verrühren. Den Rest des Gemüses für Kalbsfond beiseite stellen, siehe Tipps. Mit Salz und Pfeffer abschmecken.

Serves 4–6; Preparation time approx. 30 minutes + roasting time about 1 1/2–2 1/2 hours

1 veal shank (approx. 4 1/2 lbs)
Paprika
Salt
Pepper
Cumin
Dried marjoram
2 Tb clarified butter
2 medium-sized potatoes (Maine, low starch variety), peeled and coarsely chopped
3 garlic cloves
1 medium-sized onion, peeled and cut into quarters
1/2 leek, cut into about 2-inch long sections
1/2 small celery root, peeled and coarsely chopped
2 carrots, peeled and coarsely chopped
Approx. 1 1/4–2 inches fresh ginger, peeled
4 cups meat or vegetable broth
Approx. 10–17 oz (1 1/4–2 cups) dark beer

Rinse the veal shank. Pat dry with a paper towel and rub in the seasoning.
Melt the clarified butter in a large roasting pan on the stovetop and brown the shank well on all sides. Preheat the oven to 400° F.
Strew the vegetables around the meat in the roasting pan. Place in the oven and roast until done for 1 1/2–2 1/2 hours, depending on the size of the shank. Baste the roast frequently, alternately with the dark beer and the broth.
Remove the shank from the pan and keep warm. Strain the pan drippings and remove the ginger.
Purée some of the pan vegetables and stir the purée into the gravy. The remaining pan vegetables can be reserved to make veal stock. See *Tips & Hints*. Salt and pepper to taste.

Zum Servieren das Fleisch vom Knochen lösen und in Scheiben schneiden. Auf einer vorgewärmten Platte anrichten und mit Sauce begießen.
Zur Kalbshaxe eignen sich Kartoffelknödel mit Blaukraut sowie warmer Krautsalat oder Kartoffelsalat als Beilagen.

Before serving, remove the bone and slice the roast. Arrange on a warm platter and pour the gravy over the meat.

Accompany with *Kalbshaxe* are potato dumplings and red cabbage, warm cabbage salad or potato salad.

Tipps: Der Ingwer bewirkt eine bessere Fettverdauung und gibt dem Gericht zudem eine frische Note.
Aus dem Kalbsknochen können Sie mit ca. 1 l Wasser, Salz, Pfeffer und den Gemüseresten aus dem Bräter einen Kalbsfond herstellen, der sich zur Aufbewahrung gut einfrieren lässt. Alles zusammen aufkochen lassen und bei mittlerer Hitze zugedeckt mindestens 1 Stunde köcheln lassen.

Tips & Hints: Not only does ginger aid in digesting fat; it also perks up the flavor in this dish.
The shank bone can be used to make veal stock by combining about 1 quart water, salt, pepper and the remaining pan vegetables in a pot and bringing it to a boil. Then lower the heat to medium low and simmer covered for at least 1 hour. The stock will keep well in the freezer.

Schweinsbraten
Roast Pork

**Zubereitungszeit ca. 30 Minuten
+ ca. 1 1/2–2 Stunden Garzeit**

1 kg Schweinefleisch mit Schwarte. Lassen Sie sich die Schwarte vom Metzger rautenförmig einschneiden
Salz
Pfeffer
Getrockneter Majoran
Rosenpaprika
Evtl. gemahlenen Kümmel
500 ml heißes Wasser
2 getrocknete Lorbeerblätter
3 Nelken
1 große Zwiebel, geschält und grob geviertelt
2 gelbe Rüben, geschält und in grobe Stücke geschnitten
1–2 Knoblauchzehen
1 kleine Stange Lauch, in grobe Stücke geschnitten
1–2 Petersilienwurzeln, in grobe Stücke geschnitten
1 l Fleisch- oder Gemüsebrühe
500 ml helles Bier
Evtl. etwas kaltes Wasser vermengt mit 1 TL Salz

Das Fleisch unter kaltem, fließendem Wasser rasch abspülen, trocken tupfen und mit Salz, Pfeffer, Majoran, Paprika und evtl. Kümmel einreiben. Den Backofen auf 200° C vorheizen. In eine Bratreine 500 ml heißes Wasser einfüllen und den Braten mit der Schwartenseite nach unten einlegen. Lorbeerblätter und Nelken zugeben und in den vorgeheizten Ofen schieben. Ca. 30 Minuten schmoren lassen.
Anschließend Zwiebeln, gelbe Rüben, Knoblauch, Lauch und Petersilienwurzeln um das Fleisch herum im Bräter verteilen und mit etwas Brühe übergießen. Ca. 1 1/2 Stunden garen, immer wieder abwechselnd mit Bier und Brühe übergießen.
Etwa 20 Minuten vor Ende der Garzeit die Hitze auf 220–250°C (evtl. Oberhitze) erhöhen und das Fleisch wenden, sodass die

**Preparation time approx. 30 minutes
+ about 1 1/2–2 hours to roast**

2 1/4 lbs pork roast (shoulder) with rind. Have your butcher score the pork rind in diagonal crisscrosses
Salt
Pepper
Dried marjoram
Paprika
Cumin (optional)
2 cups hot water
2 dried bay leaves
3 cloves
1 large onion, peeled and quartered
2 carrots, peeled and coarsely chopped
1–2 garlic cloves
1 small leek, rinsed and coarsely chopped
1–2 parsnips, peeled and coarsely chopped
4 cups meat or vegetable broth
2 cups beer
If necessary, 1 tsp salt mixed with a little cold water

Rinse the meat quickly under cold running water and pat dry. Rub with salt, pepper, marjoram, paprika and the optional cumin. Preheat oven to 400° F.
Pour the 2 cups of hot water into the roasting pan and lay the pork roast with the scored side facing down. Add the bay leaves and cloves and braise in the preheated oven for about 30 minutes.
Strew the onions, carrots, garlic, leek and parsnips around the roast and pour some of the broth over it. Roast for about 1 1/2 hours basting alternately with beer and hot broth.

About 20 minutes before the roast is done, raise the temperature to 425–450° F – or use broiler – and turn the roast

Schwarte nach oben zeigt. Die Schwarte mehrmals mit kaltem Salzwasser einpinseln, damit sich eine schöne resche Kruste bilden kann.
Die entstandene Sauce durch ein Sieb in einen Topf geben. Evtl. noch etwas Brühe zugießen und alles zusammen kurz aufkochen lassen. Mit Salz und Pfeffer abschmecken.
Den Schweinsbraten in Scheiben schneiden und auf einer Platte anrichten. Die Sauce extra reichen.
Zum klassischen Schweinsbraten schmecken am besten Semmel- oder Kartoffelknödel und Blaukraut. In manchen Gasthäusern serviert man gelegentlich auch warmen Kraut- und Kartoffelsalat dazu.

Tipps: Schweinsbratenvariationen gibt es in Bayern unendlich viele. Majoran wird z.B. gerne in Franken verwendet. In manchen Regionen spickt man das Fleisch zusätzlich mit Knoblauch oder man übergießt den Braten mit dunklem Bier.

scored-side up. Brush the rind frequently with the cold salt-water solution; this will make the skin nice and crisp.
Strain the pan drippings into a pot, adding more broth if needed, and bring briefly to a boil. Season to taste with salt and pepper.

Slice the roast and arrange on a platter. Serve the sauce in a gravy boat or in a bowl on the side.
The best accompaniment to this Bavarian classic is either bread- or potato dumplings and red cabbage. Some restaurants occasionally serve *Schweinsbraten* with warm cabbage and potato salad.

Tips & Hints: There are countless variations of this dish in Bavaria. For example, dried marjoram is the herb of choice in Franconia. In some regions, extra garlic is inserted into the meat, or instead of basting with regular beer, dark beer is used.

Sauerbraten mit Serviettenknödel
Braised Marinated Roast with Napkin Dumplings

Marinierzeit ca. 6–8 Tage, Zubereitungszeit für die Beize ca. 20 Minuten + 30 Minuten kühl stellen; Zubereitungszeit für den Braten ca. 45 Minuten + ca. 1 1/2–2 Stunden Bratzeit

Sauerbraten kennt man nicht nur in Bayern, wo er vor allem in Niederbayern und in der Oberpfalz häufig auf den Tisch kommt. Auch im Rheinland hat sich gerade dieses Schmorgericht zu einem Klassiker der deutschen Küche entwickelt. Das Beizen war in vergangenen Tagen ein gutes Mittel, um Fleisch oder Fisch über eine längere Zeit haltbar zu machen.

Time to marinate approx. 6–8 days, preparation time for marinade approx. 20 minutes + 30 minutes to cool; Preparing the roast approx. 45 minutes + about 1 1/2–2 hours roasting time

Low Bavaria and the Upper Palatinate are not the only places where *Sauerbraten* frequently graces tables. The Rhineland has also raised this braised dish to become a classic of German cooking. In the days way before modern refrigeration, marinating was an effective way to preserve meat or fish for longer periods of time.

1 kg Rindfleisch, flache Schulter oder Rose	2 1/4 lbs beef, boneless chuck or rump roast
Für die Beize	**For the marinade**
500 ml Rotwein	2 cups red wine
500 ml Wasser	2 cups water
500 ml Rotwein- oder Weißweinessig	2 cups red or white wine vinegar
2 kleine Zwiebeln, geschält	2 small onions, peeled
1 große gelbe Rübe, geschält in grobe Stücke geschnitten	1 large carrot, peeled and coarsely chopped
1 Petersilienwurzel, geschält in grobe Stücke geschnitten	1 parsnip, peeled and coarsely chopped
1 kleiner Lauch, gesäubert in grobe Stücke geschnitten	1 small leek, rinsed and coarsely chopped
1/4 kleine Sellerieknolle, geschält	1/4 small celery root, peeled
5 Pimentkörner	5 whole dried allspice berries
5 getrocknete Wacholderbeeren	5 dried juniper berries
3 Nelken	3 whole cloves
2 getrocknete Lorbeerblätter	2 dried bay leaves
Außerdem	**In addition**
Frischhaltefolie	Clear plastic wrap
Für den Sauerbraten	**For the sauerbraten**
2–3 EL Butterschmalz	2–3 Tb clarified butter
Mehl	Flour
80 g Wammerl (Bauchspeck), hauchdünn aufgeschnitten	3 oz bacon, sliced paper thin
1 l Fleisch- oder Gemüsebrühe, erhitzt	1 quart meat or vegetable broth, heated
1 Stück alte Brotrinde, am besten Sauerteigbrot	1 stale bread crust, preferably sourdough
1 kleiner, säuerlicher Apfel, geschält, entkernt, geviertelt	1 small tart apple, peeled, cored and quartered

Ca. 3 cm frischer Ingwer am Stück
1 1/2 l Beize, erhitzt

Für die Sauce

1 EL Zucker
2 EL neutrales Pflanzenöl
2–3 EL Mehl
Bratenflüssigkeit
250 ml Fleisch- oder Gemüsebrühe
1/8 l Rotwein
3 Wacholderbeeren, getrocknet
100 g Sahne
Salz, Pfeffer

Außerdem

Preiselbeerkonfitüre aus dem Glas

Alle Zutaten für die Beize in einen großen Topf geben und zum Kochen bringen. Aufkochen lassen, die Hitze reduzieren und ca. 10–15 Minuten sanft köcheln. Vom Herd nehmen und ca. 30 Minuten abkühlen lassen. Das Fleisch in eine große Schüssel geben. Die Beize darüber gießen. Es sollte vollständig mit Flüssigkeit bedeckt sein. Mit Folie abdecken und 6–8 Tage an einen kühlen Ort stellen.
Das Fleisch aus der Beize nehmen und trocken tupfen. Ca. 1 1/2 l von der Beize, ohne Gewürze und Gemüse zum Erhitzen in einen Topf geben. Das Gemüse zum Braten beiseite legen. Butterschmalz in einem schweren Topf oder einer Pfanne erhitzen. Das Fleisch leicht mit Mehl bestäuben und auf allen Seiten anbraten. Das Backrohr auf 220° C erhitzen. Wammerl auf dem Boden einer Bratreine auslegen und das Fleisch obenauf platzieren. Mit einem Teil der Brühe übergießen. Gelbe Rüben und Petersilienwurzeln aus der Beize sowie Brotrinde, Apfelstücke und den Ingwer um das Fleisch herum verteilen. In den Ofen schieben und ca. 1 1/2–2 Stunden braten. Dabei immer wieder abwechselnd mit heißer Brühe und heißer Beize übergießen und wenden.
Den Sauerbraten aus der Reine nehmen und warm stellen. Währenddessen die Sauce aus der Bratreine durch ein Sieb in eine Schüssel geben. Den Bratensatz nicht vergessen!

In einem Topf Zucker goldgelb karamelisieren. Dann Öl zugeben und erhitzen. Nun Mehl zufügen und unter Rühren anbraten, bis es ebenfalls eine goldgelbe Farbe angenommen hat. Sofort mit der Bratenflüssigkeit ablöschen. Brühe, Rotwein und Wacholderbeeren zugeben und einmal kurz auf-

Approx. 1 1/4 inch piece of fresh ginger
6 cups marinade, heated

For the sauce

1 Tb sugar
2 Tb unflavored cooking oil
2–3 Tb flour
Pan drippings
1 cup meat or vegetable broth
1/2 cup red wine
3 dried juniper berries
1/2 cup heavy cream
Salt, Pepper

In addition

Cranberry preserves

Combine all the ingredients for the marinade in a large pot and bring to a boil. Let boil, then lower the heat and let simmer gently for about 10–15 minutes. Remove from heat and let cool for about 30 minutes. Place the meat in a large bowl and strain the marinade over the meat. The marinade should completely cover the meat. Then cover with clear plastic wrap and place in a cool spot for 6–8 days.
Remove the meat from the marinade and pat dry. Strain about 6 cups of the marinade into a pot. Set the meat and vegetables aside. Melt the butter in a heavy casserole or pan. Dust the meat lightly with flour and brown all around. Preheat the oven to 425° F.

Lay the strips of bacon, one next to the other, on the bottom of the roasting pan and lay the roast on top. Pour some of the broth over the meat. Arrange the carrots and parsnips from the marinade as well as the bread crust, apples and ginger around the roast. Place in the oven and roast for about 1 1/2–2 hours. Turn the meat frequently, basting alternately with broth and hot marinade.
Remove the sauerbraten from the pan and keep warm.
Meanwhile, strain the sauce from the roasting pan into a bowl, remembering to scrape up the brown bits that have collected on the bottom of the pan.
In another pot, caramelize the sugar to a golden hue. Then add the oil and heat. Add the flour and stir until it also attains a golden hue. Immediately douse with the pan drippings. Add the broth, red wine and juniper berries and once more bring to a boil. Then lower the heat and let simmer

kochen lassen. Hitze reduzieren und 10 Minuten sanft köcheln lassen. Zum Schluss Sahne unterrühren und mit Salz und Pfeffer abschmecken.
Zum Servieren den Sauerbraten in Scheiben schneiden, auf einer vorgewärmten Platte anrichten, und mit der Sauce übergießen. Preiselbeeren extra dazu servieren.

Zum Sauerbraten passen Serviettenknödel.

gently for 10 minutes. Stir in the cream and season with salt and pepper to taste.

To serve, slice the sauerbraten and arrange onto a warm platter. Pour the gravy over the slices and serve the cranberry preserves on the side.

Accompany the sauerbraten with napkin dumplings.

Serviettenknödel

Zubereitungszeit insgesamt ca. 1 1/2 Stunden

10 altbackene Semmeln, in dünne Scheiben geschnitten
Salz
Ca. 3/8 l lauwarme Milch
1 EL Butter
1 mittelgroße Zwiebel, in feine Würfel geschnitten
1 Bund glatte Petersilie, fein gehackt
4 Eier
Außerdem
1 sauberes Geschirrtuch, Küchengarn

Die Semmeln in eine Schüssel geben und salzen. Mit der lauwarmen Milch übergießen. Zugedeckt ca. 30 Minuten ziehen lassen.
Die Butter in einer Pfanne erhitzen. Zwiebeln und Petersilie zugeben und dünsten, bis die Zwiebeln glasig sind. Den Pfanneninhalt mit den aufgeschlagenen Eiern über die Semmelmasse geben, salzen und zu einem Teig verarbeiten.
In einem großen Topf Wasser zum Kochen bringen, dann salzen. Das Geschirrtuch kalt ausspülen, den Semmelteig zu einer Rolle formen und in die Mitte des Tuches setzen. Das Geschirrtuch einschlagen und die beiden Enden zubinden, wie bei einer Wurst. Die Knödelwurst ins kochende Salzwasser geben, die Hitze reduzieren und den Serviettenknödel ca. 50 Minuten lang sanft köcheln lassen.
Zum Servieren in ca. 1–1 1/2 cm dicke Scheiben schneiden.

Napkin Dumplings

Preparation time approx. 1 1/2 hours

10 stale rolls, sliced paper-thin
Salt
Approx. 1 1/2 cups lukewarm milk
1 Tb butter
1 medium-sized onion, finely diced
1 bunch of flat-leaf parsley (Italian), finely chopped
4 eggs
In addition
1 clean dish towel, kitchen string

Put the roll into a bowl and add salt. Pour the warm milk over the bread, cover and let soak for about 30 minutes.

Melt the butter in a pan. Add onions and parsley and sauté until the onions are translucent. Add the contents of the pan plus the eggs to the bread. Season with salt and then work the ingredients into a soft mass.
Bring a large pot of water to a boil, add salt. Rinse the dish towel with cold water. Shape the mass into a roll and place in the middle of the towel. Wrap the towel around the mass and tie both ends, like a sausage. Place the bread mass into the boiling water and lower the heat. Let the dumpling simmer gently for approximately 50 minutes.

Serve in 1/2 inch thick slices.

Tafelspitz mit Apfelkren
Boiled Beef with Apple-Horseradish Sauce

Zubereitungszeit insgesamt ca. 2 Stunden

Die Wiege des Tafelspitz steht in Österreich. Dort hat gekochtes Rindfleisch eine lange Tradition. Wie so viele Köstlichkeiten aus der ehemaligen Donaumonarchie hat der Tafelspitz schon vor langem seinen Weg nach Bayern gefunden, um sich einen Stammplatz auf den Speisekarten zu sichern.

Für den Apfelkren (Apfelmeerrettich)
- 4 EL neutrales Pflanzenöl
- 100 g frischen Kren (Meerrettich), geschält und fein gerieben
- 3 EL Semmelbrösel
- 250 ml Fleisch- oder Gemüsebrühe
- 1/2 TL Zucker
- 2 mittelgroße säuerliche Äpfel, geschält, entkernt, fein gerieben und mit Zitronensaft beträufelt
- Salz
- Saft von 1/2 Zitrone

Für den Tafelspitz
- 1 große Zwiebel, halbiert
- 1 kg Tafelspitz, vom Rind oder vom Kalb
- 1 TL Salz
- 2 getrocknete Lorbeerblätter
- 1 TL schwarze Pfefferkörner, im Mörser grob zerstoßen
- 5 Pimentkörner
- 2–3 Nelken
- 2–3 Stängel Petersilie
- 2–3 Stängel Liebstöckel
- 1/2 kleine Knollensellerie, in grobe Stücke geschnitten
- 2 große gelbe Rüben, geschält, in grobe Stücke geschnitten
- 2 Petersilienwurzel, geschält, in grobe Stücke geschnitten
- 1 kleiner Lauch, gesäubert und in grobe Stücke geschnitten
- 2–3 EL Schnittlauchröllchen

Total preparation time approx. 2 hours

The culinary cradle of this dish is Austria where boiled beef has a venerable tradition. Like so many delicacies from the former Danube monarchy, *Tafelspitz* found its way to Bavaria where it has long retained a place of honor on its menus.

For the apple-horseradish sauce
- 4 Tb flavorless vegetable oil
- 3 1/2 oz horseradish root, peeled and finely grated
- 3 Tb dried breadcrumbs
- 1 cup meat or vegetable broth
- 1/2 tsp sugar
- 2 medium-sized tart apples, peeled, cored and finely grated, sprinkled with lemon juice
- Salt
- Juice of 1/2 lemon

For the boiled beef
- 1 large onion, halved
- 2 1/4 lbs first-cut brisket, beef or veal
- 1 tsp salt
- 2 dried bay leaves
- 1 tsp black peppercorns, coarsely crushed in a mortar
- 5 whole allspice berries
- 2–3 cloves
- 2–3 sprigs of parsley
- 2–3 sprigs of lovage
- 1/2 small celery root, peeled and coarsely chopped
- 2 large carrots, peeled and coarsely chopped
- 2 parsnips, peeled and coarsely chopped
- 1 small leek, rinsed and coarsely chopped
- 2–3 Tb chives, chopped into tiny rings

Für den Apfelkren das Öl in einem Topf erhitzen, Meerrettich zugeben und 2–3 Minuten andünsten. Semmelbrösel hinzufügen und mitrösten, mehrmals umrühren, mit Brühe aufgießen. Hitze reduzieren und ca. 15 Minuten sanft köcheln lassen. Durch längeres offenes Garen verliert er an Schärfe.
Den Topf vom Herd nehmen, Zucker und die geriebenen Äpfel untermischen. Mit Salz und Zitronensaft abschmecken. Abkühlen lassen und zum Servieren in eine Schüssel füllen.

Währenddessen ca. 2 1/2 l Wasser in einem großen Topf zum Kochen bringen. Salzen und das Fleisch und die getrockneten Gewürze zugeben. Petersilie und Liebstöckel zu einem Sträußchen binden und ebenfalls einlegen. Hitze reduzieren und das Ganze 1 1/2–2 Stunden köcheln lassen. Dabei den Schaum, der an der Oberfläche entsteht, immer wieder abschöpfen. Das Gemüse ca. 30 Minuten vor Ende der Garzeit einlegen, damit es nicht zu weich wird.
Zum Servieren den Tafelspitz aus der Brühe heben, in Scheiben schneiden und mit dem Gemüse auf einer Platte anrichten, mit etwas Brühe übergießen und mit Schnittlauchröllchen bestreuen. Den Meerrettich extra servieren.

Als Beilage Saures Kartoffelgemüse reichen (s. S. 90).

Tipps: Die Fleischbrühe können Sie als Suppengrundlage verwenden. Sie lässt sich gut einfrieren.
Übriges Fleisch können Sie am nächsten Tag zu Sülze verarbeiten. Dazu 10 Blatt Gelatine in kaltem Wasser auflösen und anschließend mit 500 ml Tafelspitzbrühe, 100 ml Weißweinessig, 2 EL gehackte Liebstöckelblätter oder Petersilie, Salz, Pfeffer und ca. 1/2 TL Zucker vermischen. Das Ganze im Kühlschrank kalt stellen, bis die Masse zu stocken beginnt.
Den Tafelspitz in dünne Scheiben schneiden und mit dem Sud schichtweise in eine Kastenform geben. Über Nacht im Kühlschrank erstarren lassen. Dazu schmecken Bratkatoffeln.

For the apple-horseradish, heat the oil in a pot and sauté the horseradish 2–3 minutes. Add the breadcrumbs and brown, stirring frequently; add the broth. Lower the heat and simmer covered for about 15 minutes. Cooking horseradish uncovered will cause it to lose its pungency.

Remove the pot from the heat and stir in the grated apples. Season with salt and lemon juice to taste. Let cool and serve in a bowl.

Meanwhile, fill a large pot with about 2 1/2 quarts water and bring to a boil. Salt the water; then add the beef and spices. Tie the sprigs of parsley and lovage into a bouquet and add to the pot. Lower the heat and simmer 1 1/2–2 hours, skimming foam as it rises to the top.
About 30 minutes before the meat is done, add the vegetables so that they don't become too soft.

Remove the meat from the pot, slice and serve on a warm platter surrounded by the boiled vegetables. Pour a little cooking broth over the *Tafelspitz* and garnish with the chopped chives. Serve the horseradish sauce on the side.

Accompany with *Saures Kartoffelgemüse* (warm marinated potatoes, see p. 90).

Tips & Hints: Use the cooking liquid as a soup base; it keeps well in the freezer.
You can make a *Sülze* (meat in aspic) from any leftover meat the next day. Add two packets of unflavored gelatin (softened in 1/4 cup of cold water) to two cups of the boiled beef stock; then stir in 1/3 cup white wine vinegar, 2 Tb chopped lovage or parsley, salt, pepper and about 1/2 tsp sugar. Place in the refrigerator until it begins to gel.
Slice the leftover beef into thin strips. Place alternate layers of aspic and meat into a loaf-shaped dish. Let it set in the refrigerator overnight. A tasty accompaniment is *Bratkartoffeln* (pan-fried potatoes).

Forelle blau mit Petersilienkartoffeln und zerlassener Butter

Blue Trout with Parsley Potatoes and Drawn Butter

Zubereitungszeit ca. 1 Stunde

100–125 ml Essig
1 große Zwiebel
3 Pimentkörner
3 getrocknete Wacholderbeeren
3 getrocknete Lorbeerblätter
Salz
1 kg vorwiegend festkochende Kartoffeln, geschält und in ca. 4 cm große Würfel geschnitten
4 kleine küchenfertige Forellen à ca. 250 g
2 EL Petersilie, fein gehackt
250 g Butter

Einen großen Topf mit Wasser füllen, Essig, Zwiebel und die Gewürze zugeben und alles zusammen zum Kochen bringen. Währenddessen die Kartoffeln im Salzwasser gar kochen. Nachdem der Sud für die Fische einmal aufgekocht ist, die Hitze reduzieren, sodass das Ganze nur noch leicht simmert. Die Fische vorsichtig in den Sud einlegen. Dabei aufpassen, dass die Schleimschicht nicht verletzt wird; sie färbt sich im Sud letztendlich blau. In ca. 15 Minuten gar ziehen lassen.
Die Kartoffeln in eine vorgewärmte Schüssel füllen und mit Petersilie vermengen. Eventuell 1 EL Butter untermischen. Die Butter bei geringer Hitze schmelzen. Die Fische aus dem Sud nehmen und auf vorgewärmten Tellern einzeln anrichten. Mit Kartoffeln und der zerlassenen Butter servieren.

Tipp: Dieses Gericht gelingt beispielsweise auch ausgezeichnet mit fangfrischem Karpfen in einem Sud aus Essig oder Weißwein, Salbei und Zitronenschale.

Preparation time approx. 1 hour

1/3-1/2 cup vinegar
1 large onion, peeled
3 dried allspice berries
3 dried juniper berries
3 dried bay leaves
Salt
2 1/4 lbs potatoes (Maine, low starch variety), peeled and cut into 1 1/2 inch cubes
4 small trout about 1/2 lb each, cleaned
2 Tb parsley, finely chopped
1/2 lb butter

Fill a large pot with water; add the vinegar, onion and spices and bring to a boil.
Meanwhile cover the potatoes and cook in salted water until done. Once the poaching liquid has reached a boil, lower heat to a bare simmer. Carefully place the trout in the poaching liquid, being careful not to damage the skin; it will namely turn blue when cooked. Simmer the trout for about 15 minutes.
Fill a warm bowl with the potatoes and stir in the chopped parsley. If necessary, add 1 Tb butter. Melt the butter slowly in a small saucepan. Remove the fish from the poaching liquid and place whole fish on warmed plates. Serve with the parsley potatoes and drawn butter.

Tips & Hints: This recipe also works splendidly with freshly caught carp poached in vinegar or white wine, sage and lemon zest.

Forelle Müllerin
Trout with Toasted Almonds

Zubereitungszeit ca. 30 Minuten

4 küchenfertige Forellen à ca. 250 g
Salz
Pfeffer
Einige Stängel Petersilie
Mehl
Ca. 3 EL Butter pro Forelle zum Ausbacken
2 EL Butter zusätzlich zum Rösten der Mandelblättchen
2–3 EL Mandelblättchen
Außerdem
Zitronenspalten zum Garnieren

Die Forellen innen leicht salzen und pfeffern, mit 1-2 Petersilienstängel füllen. Mehl auf einen flachen Teller geben und die Forellen darin sanft wälzen. Butter in einer schweren Pfanne erhitzen und die Forellen portionsweise in ca. 10–15 Minuten auf beiden Seiten goldgelb braten. Dabei die Fische immer wieder sanft anheben, damit die Haut keinen Schaden nimmt. Fische aus der Pfanne heben und warm stellen.
Butter in die gleiche Pfanne geben, erhitzen und Mandelblättchen zugeben. In 2–3 Minuten goldbraun rösten.
Die fertigen Forellen auf vorgewärmte Teller geben und mit der Mandelbutter beträufeln. Mit Zitronenspalten garnieren.

Zu diesem Gericht passt sehr gut lauwarmer Kartoffelsalat.

Tipps: Sie können statt der Forellen auch andere Süßwasserfische für dieses Gericht verwenden.
Neben Petersilie können Sie auch andere frische Kräuter wie Kerbel, Rosmarin oder Thymian zugeben. Ein paar zusätzliche Zitronenscheiben geben dem Ganzen eine frische Note.

Preparation time approx. 30 minutes

4 small trout about 1/2 lb each, cleaned
Salt
Pepper
1 sprig of parsley per fish
Flour
Approx. 3 Tb butter per fish
2 Tb butter to roast the sliced almonds
2–3 Tb sliced almonds
In addition
Wedges of lemon for garnishing

Lightly salt and pepper the cavity and insert a sprig of parsley into each of the tront. Sprinkle the flour onto a plate and dredge the trout lightly. Melt the butter (3 Tb per fish) in a heavy pan or skillet; fry the trout one by one for 10-15 minutes per side until golden brown. Turn the fish frequently, being careful not to damage the skin. Remove from the pan and keep warm.
Melt the remaining butter in the same pan and add the almond slices. Toast for 2–3 minutes until golden brown.
Place the trout on warm plates and pour the almond butter over them. Garnish with lemon wedges.

A warm potato salad would be an excellent accompaniment.

Tips & Hints: You can use any other fresh-water fish such as pike or carp in place of trout.
Besides parsley you can also use other fresh herbs like chervil, rosemary or thyme. Insert a few slices of lemon into the cavity to lend a zesty note.

Hecht im Speckmantel mit Linsen

Pike Wrapped in Bacon Blanket on a Bed of Lentils

Zubereitungszeit ca. 1 Stunde

Dieses wunderbare Gericht verdanke ich dem Sternekoch Markus Bischoff vom oberbayerischen Tegernsee. Das Rezept fällt wegen seinen edlen Zutaten etwas aus dem bodenständigen Rahmen dieses Kochbuches. Doch es eignet sich hervorragend als Überraschung für Gäste.

Für den Fisch

- 1 fangfrischer Hecht (ca. 800 g–1 kg), am besten vom Fischhändler bereits geschuppt und ausgenommen
- Salz
- Pfeffer
- 1 Bund frische Kräuter, z.B. Kerbel, Thymian und Petersilie
- 2 Frühlingszwiebeln, in feine Ringe geschnitten
- 2 EL Butter
- 80–100 g Wammerl, in hauchdünne Scheiben geschnitten

Außerdem

- Alufolie
- Bratreine

Für die Linsen

- 250 g kleine, grün-braune Landlinsen (De-Puy-Linsen)
- 1–2 EL Butterschmalz
- 1 EL Wammerl, fein gewürfelt
- 1 kleine gelbe Rübe, geschält und fein gewürfelt
- 1 EL Staudensellerie, fein gewürfelt
- 1/2 kleiner Lauch, gewaschen und fein gewürfelt
- 2 kleine Schalotten, fein geschnitten
- 2 EL Tomatenmark
- 1 Schuss Portwein
- 1 Schuss Madeira
- 2 Schuss Balsamico Essig
- 500 ml Kalbsfond (s. S. 51)
- 1 EL mittelscharfer Senf
- Schale von 1 unbehandelten Orange
- Salz, Pfeffer

Preparation time approx. 1 hour

I owe this superb recipe to Markus Bischoff, the star chef from Tegernsee in upper Bavaria. It does not quite fit in with the more hearty fare highlighted in these pages due to the fancy ingredients involved, but it is just the thing when you want to impress your guests.

For the fish

- 1 freshly caught pike 2-2 1/4 lbs, preferably scaled and cleaned by the fishmonger
- Salt
- Pepper
- 1 bunch fresh herbs such as chervil, thyme and parsley
- 2 scallions, washed and cut into fine rings
- 2 Tb butter
- 3–3 1/2 oz bacon, sliced paper thin

In addition

- Aluminum foil
- Roasting pan

For the lentils

- 9 oz small, green-brown Puy lentils
- 1–2 Tb clarified butter
- 1 Tb bacon, finely diced
- 1 small carrot, peeled and finely diced
- 1 Tb celery, finely diced
- 1/2 small leek, washed and finely diced
- 2 small shallots, finely sliced
- 2 Tb tomato paste
- 1 oz port
- 1 oz Madeira
- 2 oz Balsamic vinegar
- 2 cups veal stock (See p. 51)
- 1 Tb medium spicy mustard
- 1 orange peel
- Salt, Pepper

Den Hecht unter laufendem kalten Wasser innen gut abspülen. Trockentupfen, innen und aussen salzen und pfeffern. Die Kräuter waschen und trocken schwenken. Einige Stängel beiseite legen, den Rest fein hacken. Den Hecht mit den gehackten Kräutern und den Frühlingszwiebeln füllen. Die Butter ebenfalls in die Bauchhöhle geben.
Den Backofen auf 200° C vorheizen. Anschließend den Hecht gleichmäßig mit den Speckscheiben umwickeln und auf die Alufolie legen. Die verbliebenen Kräuterstängel obenauf legen, dann die Folie sorgfältig verschließen. Den Hecht in die Bratreine legen und in ca. 25 Minuten im Ofen garen.
Währenddessen die Linsen waschen und anschließend ca. 3 Minuten in kochendem Wasser blanchieren, abgießen.
Butterschmalz und Wammerl in einem Topf erhitzen, das Gemüse zugeben und mehrmals gut umrühren. Anschließend die Linsen dem Gemüse hinzufügen, umrühren und das Tomatenmark unterheben. Alles zusammen nochmals etwas abrösten. Mit Portwein, Madeira und Essig ablöschen, mit Kalbsfond aufgießen und auf kleiner Flamme ca. 20–30 Minuten köcheln lassen. Zum Schluss Senf und Orangenschale zugeben und mit Salz und Pfeffer abschmecken.
Zum Servieren das Linsengemüse auf vorgewärmte Teller geben, den Hecht filetieren, das Fleisch obenauf anrichten und mit etwas Saft aus der Folie überträufeln. Dazu schmeckt natürlich am besten ein Glas kräftiger Weißwein.

Rinse the inside of the pike well under cold running water. Pat dry and salt and pepper the fish inside and out. Wash the herbs and shake out any excess moisture. Set aside a few sprigs of herbs and finely chop the rest. Stuff the pike with the chopped herbs and scallions and add the butter to the cavity.

Preheat oven to 400° F, wrap the bacon slices evenly around the pike and place it on the aluminum foil. Lay the remaining herb sprigs on top and then seal the aluminum foil carefully. Place the pike into the roasting pan and into the oven for about 25 minutes.
Meanwhile, rinse the lentils; blanch them in boiling water for about 3 minutes, then drain.
Melt the clarified butter in a pot; add the vegetables, stirring frequently. Now add the lentils to the vegetables; stir, then stir in the tomato paste. Bring the ingredients to a simmer again. Afterwards douse with the port, Madeira and balsamic vinegar. Pour in the veal stock and simmer over low heat for about 20–30 minutes. Finish by adding the mustard and orange peel; salt and pepper to taste.

Serve the lentils on a warm plate: Fillet the pike, arrange it on top of the lentils some of the cooking juices, that have collected in the aluminum foil, over it. The best accompaniment to this dish is naturally a full-bodied white wine.

Krautwickerl
Stuffed Cabbage

ergibt ca. 15 Stück;
Zubereitungszeit ca. 1 1/2 Stunden

Für die Krautwickerl
1 mittelgroßer Kopf Weißkohl
1–2 altbackene Semmeln (oder die entsprechende Menge an altbackenem Weißbrot), in Wasser eingeweicht
250 g Hackfleisch, halb Rind, halb Schwein
1 Ei
1 mittelgroße Zwiebel, fein geschnitten
2 TL frischen Thymian, fein gehackt
Evtl. 1/2 TL gemahlene Gelbwurzel, Kurkuma. Das ist nicht sehr bayerisch, schmeckt aber besonders gut
Salz
Pfeffer
Muskatnuss
2 EL Butterschmalz
Für die Sauce
1 kleine Zwiebel, geschnitten
1 Zweiglein frischen Thymian oder Rosmarin
1 Dose gewürfelte Tomaten
Ca. 1/8 l Wasser
Außerdem
Küchengarn oder Holzspießchen

Den Weißkohl säubern und im Ganzen in reichlich kochendem Salzwasser ca. 3 Minuten blanchieren. Anschließend aus dem Salzwasser heben, die äußeren, bereits weichen Blätter vorsichtig entfernen und beiseite legen. Nun den Weißkohl zurück ins kochende Salzwasser geben. So verfahren, bis Sie genügend unversehrte Blätter beisammen haben. Anschließend die Blätter erneut ins kochende Salzwasser geben und für ca. 2–3 Minuten blanchieren. Dann in einer Schüssel mit Eiswasser abschrecken, so bleibt die grüne Farbe erhalten. Einige beschädigte Kohlblätter für die Fülle fein hacken.

Yields about 15;
Preparation time approx. 1 1/2 hours

For the stuffed cabbage
1 medium-sized head of cabbage
1–2 stale rolls (or the equivalent amount of stale white bread), soaked in water
9 oz ground meat, half beef/half pork
1 egg
1 medium-sized onion, finely chopped
2 tsp fresh thyme, finely chopped
Optional: 1/2 tsp ground turmeric. Although it's not particularly Bavarian, it nonetheless tastes superb
Salt
Pepper
Nutmeg
2 Tb clarified butter
For the sauce
1 small onion, sliced
1 small sprig of fresh thyme or rosemary
1 can of diced tomatoes
Approx. 1/2 cup water
In addition
Kitchen string or wooden skewers

Rinse the cabbage and blanch the head whole in boiling salted water for about 3 minutes. Remove from the water; carefully peel away the outer cooked leaves and set aside. Return the cabbage to the boiling water. Continue this procedure until you have enough intact cabbage leaves for wrapping. Now place all the cabbage leaves into the boiling water once again to blanch another 2–3 minutes. Then transfer the leaves to a bowl of ice water to preserve the green color. Finely chop any damaged leaves to use in the filling.

Die eingeweichten Semmeln mit der Hand gut ausdrücken und zum Hackfleisch geben. Ei, gehackte Zwiebel, Thymian, Kurkuma, Salz, Pfeffer und Muskat zugeben und gut durchkneten, sodass ein homogener Fleischteig entsteht.
Die dicken Enden der Kohlblätter heraus schneiden. Aus dem Fleischteig kleine Nocken formen und einzeln in je ein Kohlblatt einwickeln. Mit Küchengarn oder Holzspießchen zusammenhalten.
Butterschmalz in einem schweren Topf erhitzen und die Krautwickerl portionsweise darin scharf anbraten. Dann im gleichen Fett Zwiebeln und Thymian oder Rosmarin für die Sauce anbraten und alle Krautwickerl zurück in den Topf geben. Gewürfelte Tomaten und etwas Wasser zufügen; mit Salz und Pfeffer abschmecken. Auf kleiner Flamme zugedeckt ca. 45 Minuten dünsten.

Besonders gut zu Krautwickerl schmecken Stampfkartoffeln, Kartoffelbrei oder Saures Kartoffelgemüse.

Use your hand to squeeze excess liquid out of the roll/bread and add it to the ground meat. Then knead in the egg, onion, thyme, turmeric, salt, pepper and nutmeg thoroughly until you have a homogeneous mass.
Cut out the thick 'knuckle' at the end of the cabbage leaves. Form small dumplings of filling and wrap each one into a cabbage leaf. Secure with either kitchen string or wooden skewers.
Melt the clarified butter in a pot and brown the stuffed cabbage in batches. In the same pot, brown the onions with the thyme or rosemary for the sauce, then return the stuffed cabbage to the pot. Add the can of diced tomatoes and some water; salt and pepper to taste. Cover and simmer on low heat for about 45 minutes.

A tasty accompaniment to stuffed cabbage is either mashed or pureed potatoes or warm marinated potatoes.

Pichelsteiner

Meat and Vegetable Stew

Zubereitungszeit ca. 40 Minuten
+ Garzeit ca. 1 1/2 Stunden

2–3 EL Butterschmalz
Je 250 g Rindfleisch (Brust), Schweinefleisch (Nacken) und Kalbfleisch (Nacken), in ca. 4 cm große Würfel geschnitten
2 mittelgroße Zwiebeln, in Würfel geschnitten
Salz
Pfeffer
Insgesamt 1 TL Rosenpaprika
Insgesamt 1–2 TL getrockneten Majoran
Insgesamt 2 TL Kümmel
Ca. 750 g vorwiegend festkochende Kartoffeln, geschält und in Würfel geschnitten
3–4 gelbe Rüben, geschält und in feine Stifte geschnitten
2–3 Stangen Lauch, gesäubert und in Ringe geschnitten
1/4 Kopf Weißkraut, fein geschnitten
2 Petersilienwurzeln, geschält und in Stifte geschnitten
1/2 Sellerieknolle, geschält in feine Würfel geschnitten
1 Zweig frischer Thymian
1 Rosmarinzweig
2 getrocknete Lorbeerblätter
3/4–1 l Gemüsebrühe
1 Bund Petersilie, fein gehackt
Außerdem
1 großer, schwerer Topf mit gut schließendem Deckel

Das Butterschmalz im Topf erhitzen und die Fleischwürfel darin portionsweise bei mittlerer Hitze anbraten. Zum Schluss Zwiebeln zugeben und kurz mitbraten. Mit etwas Salz, Pfeffer, Rosenpaprika, Majoran und Kümmel würzen.
Ein Drittel der Fleischwürfel im Topf lassen und auf dem Topfboden gleichmäßig verteilen, den Rest in einer Schüssel beiseite stellen. Das Ganze mit einer Lage Gemüse abdecken und erneut mit Salz, Pfeffer, Rosenpaprika, Majoran und

Preparation time approx. 40 minutes
+ 1 1/2 hours for stewing

2–3 Tb clarified butter
9 oz each of beef (brisket), pork (butt) and veal (shoulder), cut into 1 1/2 inch cubes
2 medium-sized onions, diced
Salt
Pepper
Max. 1 tsp paprika
Max. 1–2 tsp dried marjoram
Max. 2 tsp caraway seeds
Approx. 1 lb 12 oz potatoes (Maine, low starch variety), peeled and cubed
3–4 carrots, peeled and cut into thin matchsticks
2–3 leeks, rinsed and cut into rings
1/4 head of cabbage, shredded
2 parsnips, peeled and cut into thin matchsticks
1/2 medium celery root, peeled and finely diced
1 sprig of fresh thyme
1 sprig of rosemary
2 dried bay leaves
3–4 cups vegetable broth
1 bunch of parsley, finely chopped
In additon
1 large heavy pot with lid

Melt the clarified butter in a pot and brown batches of the meat cubes over medium heat. Add the onions and quickly sauté with the meat. Season with salt, pepper, paprika, marjoram, and the caraway seeds.
Leave a third of the meat in the pot, distributing it evenly on the bottom. Place the remaining meat in a bowl and set aside. Cover the meat in the pot with a layer of vegetables and season again to taste with salt, pepper, paprika, marjoram and

Kümmel abschmecken. Thymian, Rosmarin und Lorbeerblätter dazwischen legen. Soweit abwechselnd verfahren, bis alles in dem Topf geschichtet ist.
Anschließend mit Gemüsebrühe aufgießen, sodass der Inhalt des Topfes gerade bedeckt ist. Auf kleiner Flamme mit geschlossenem Deckel und ohne umzurühren ca. 1 1/2 gar dünsten. Bei Bedarf etwas heiße Brühe zugießen. Vor dem Servieren mit Petersilie bestreuen.

Tipps: Je nach Jahreszeit können Sie für Ihren Pichelsteinereintopf auch Kohlrabi, frische Bohnen und anderes festkochendes Gemüse verwenden.

the caraway seeds. Lay the sprigs of thyme and rosemary and the bay leaves in between. Repeat the procedure until all the ingredients are in the pot.
Pour in enough vegetable broth so that all the ingredients are covered. Simmer covered over low heat without stirring for about 1 1/2 hours. Add more broth if necessary. Sprinkle with parsley before serving.

Tips & Hints: Depending on the season you can also use kohlrabi, fresh green beans and other firm vegetables for your *Pichelsteiner*.

Schwäbische Maultaschen
Swabian Ravioli

ergibt ca. 30 Stück;
Zubereitungszeit ca. 1 Stunde
+ 20 Minuten Ruhezeit

Für den Teig

400 g Mehl
1/8 l Wasser
1/2 TL Salz
1 EL Weinessig
5 EL neutrales Pflanzenöl

Für die Füllung

3 Zwiebeln, in grobe Würfel geschnitten
1 Stange Lauch, in große Stücke geschnitten
1 Bund Petersilie, grob gehackt
200 g Speck, z.B. Wammerl, grob gewürfelt
1 EL Butter
3 altbackene Semmeln (oder die entsprechende Menge an altbackenem Weißbrot), in Scheiben geschnitten
1/8–1/4 l lauwarme Milch
400 g frischer Spinat
4 Eier
200 g Hackfleisch, halb Rind bzw. Kalb, halb Schwein
200 g Bratwurstbrät
1 TL Salz
1 TL gemahlene Muskatnuss
1 TL Pfeffer

Außerdem

Fleischwolf
Evtl. Semmelbrösel, falls die Füllung zu flüssig wird

Für die Brühe

1 1/2 l Fleischbrühe
1 EL Schnittlauchröllchen
1–2 Zwiebel, in feine Ringe geschnitten und in der Pfanne goldbraun geröstet

Yields about 30;
Preparation time approx. 1 hour
+ 20 minutes to rest

For the dough

2 2/3 cups flour
1/2 cup water
1/2 tsp salt
1Tb wine vinegar
5 Tb flavorless vegetable oil

For the filling

3 onions, coarsely chopped
1 leek, coarsely chopped
1 bunch of parsley, coarsely chopped
7 oz bacon, coarsely diced
1 Tb butter
3 stale rolls (or the equivalent of stale white bread), cut into slices
1/2–1 cup lukewarm milk
14 oz fresh spinach
4 eggs
7 oz ground meat, half beef or veal and half pork
7 oz sausage meat
1 tsp salt
1 tsp ground nutmeg
1 tsp pepper

In addition

Meat grinder
Dried breadcrumbs in case the filling is too moist

For the broth

6 cups meat broth
1 Tb chives cut into tiny rolls
1–2 onions, sliced into thin rings and pan-roasted golden brown

Die Zutaten für den Teig in eine Schüssel geben und verkneten, bis ein glänzender, fester Teig entsteht. 20 Minuten zugedeckt an einem warmen Ort ruhen lassen.
Zwiebel, Lauch, Petersilie und Speck durch den Fleischwolf drehen. Die Masse in Butter anschwitzen, beiseite stellen.
Die Semmelscheiben einige Minuten in lauwarmer Milch einweichen, bis sie vollgesogen sind. Den Spinat durch den Fleischwolf drehen. Die Semmeln mit der Hand gut ausdrücken.In einer großen Schüssel nun alle Zutaten für die Füllung miteinander vermengen.
Anschließend den Teig ca. 3 mm dick ausrollen und mit der Füllmasse bestreichen. Das Ganze ca. 4 cm breit zusammenlegen und auf ca. 5 cm Länge abschneiden. Die Ränder der einzelnen Maultaschen mit einer Gabel etwas andrücken.

Die Fleischbrühe zum Kochen bringen, Maultaschen zugeben und die Hitze reduzieren. Nun im offenen Topf ca. 10 Minuten gar ziehen lassen, bis sie an die Oberfläche steigen.
Die Maultaschen mit der Brühe in vorgewärmte Suppenteller geben und mit Schnittlauchröllchen und den gerösteten Zwiebeln garnieren.

Tipp: Sie können die Maultaschen auch in Salzwasser garen und anschließend mit Zwiebeln in der Pfanne anrösten. Dazu passt ein gemischter Salat.

Place the ingredients for the dough into a bowl and knead until firm and satiny. Cover and place in a warm corner to rest for 20 minutes.
Using the meat grinder, process the onion, leek, parsley and bacon. Then sauté in butter in a pan and set aside.
Soak the bread slices a few minutes in the lukewarm milk until fully saturated. Pass the spinach through the meat grinder and then thoroughly squeeze the excess moisture out of the bread slices.

Now incorporate all the ingredients for the filling into a large bowl. Roll out the dough to about 1/8 inch thick and spread the filling on top. Fold the dough over to approx. 1 1/2 inches wide and cut off lengths of approximately 2 inches. Seal the edges by gently pressing them down with a fork.
Bring the broth to a boil, add the *Maultaschen* and lower the heat. Gently simmer uncovered for about 10 minutes until they float to the top.
Ladle the *Maultaschen* and the broth into warm soup bowls and garnish with the chopped chives and pan-roasted onion rings.

Tips & Hints: You can cook the *Maultaschen* in salted water and then pan-fry them with the onions. A mixed salad is a good accompaniment here.

Zwuller und Kraut

Taters and (Sauer)Kraut

Zubereitungszeit ca. 1 Stunde

Zwuller, auch Erdäpfelzwirl genannt, mit Kraut ist ein einfaches und nahrhaftes Gericht, das ursprünglich aus der Oberpfalz stammt. Kartoffeln waren früher das Grundnahrungsmittel armer Bauern im Bayerischen Wald. Fleisch gab es selten, die Arbeit auf den Höfen und Feldern aber war schwer, sodass reichlich Schmalz verwendet wurde, um die Männer bei Kräften zu halten. An Fest- oder Schlachttagen, wurden die „Zwuller" dann mit gesottenem Schweinefleisch serviert.

Preparation time approx. 1 hour

Zwuller, also called *Erdäpfelzwirl*, with sauerkraut is a simple yet nutritious dish that hails from the Upper Palatinate. Potatoes were the staple of poor peasants in the Bavarian Forest. Since meat was a rarity but work on the farm and in the fields was backbreaking, generous portions of *Schmalz*, clarified fat drippings, helped keep up the men's strength. On special occasions such as feast days, or when a pig was slaughtered, the *Zwuller* or (potatoes) were served with boiled pork.

Für das Sauerkraut
30 g Butterschmalz
1 große Zwiebel, fein geschnitten
2 säuerliche Äpfel, geschält, in 1 cm große Stücke geschnitten
800 g Sauerkraut (das entspricht ca. einer großen Dose)
250–500 ml l Wasser
4–5 getrocknete Wacholderbeeren
2 Lorbeerblätter
Salz
Für die Zwuller
1,5 kg Kartoffeln, mit der Schale am Vortag gekocht
1 TL Salz
Ca. 350 g Mehl
100–150 g Butterschmalz

For the sauerkraut
1 oz (2 Tb) clarified butter
1 large onion, finely sliced
2 tart apples, peeled, cored and cut into 1/2 inch cubes
1 lb 11 oz (about one large can) sauerkraut
1–2 cups water
4–5 dried juniper berries
2 dried bay leaves
Salt
For the *Zwuller*
3 1/3 lbs potatoes, cooked in their jackets the day before
1 tsp salt
Approx. 2 1/3 cups flour
7–10 Tb clarified butter

Das Butterschmalz in einem Topf erhitzen. Zwiebeln zugeben und glasig dünsten. Die Apfelstückchen unterrühren und mitdünsten. Das Sauerkraut mit einer Gabel lockern, zu den Zwiebeln und Äpfeln geben. Mit etwas Wasser aufgießen. Die Hitze reduzieren. Wacholderbeeren, Lorbeerblätter und etwas Salz zugeben und zugedeckt ca. 1 Stunde auf kleiner Flamme garen. Eventuell Wasser nachgießen. Währenddessen

Melt the clarified butter in a pot. Sauté the onions until translucent. Stir in the apple cubes and sauté. Separate the sauerkraut slightly with a fork and add it to the onions and apples.

Add a little water and lower the heat. Add the juniper berries, bay leaves and a little salt; cover and simmer over low heat for about 1 hour. Add water if necessary.

die Kartoffeln für die Zwuller schälen und durch eine Kartoffelpresse in eine Schüssel drücken. Die Masse salzen und mit Mehl bestreuen. Dann mit den Fingern durchwühlen, sodass Klümpchen entstehen (nicht kneten!).
In einer schweren Pfanne 1 EL Butterschmalz erhitzen. Eine kleine Menge Zwuller zugeben und scharf anbraten Die fertigen Zwuller in einer vorgewärmte Schüssel geben. Nacheinander mit dem restlichen Zwuller genauso verfahren, dabei immer wieder Butterschmalz zugeben. Zusammen mit dem Sauerkraut servieren.
Zu Zwuller mit Kraut passt als Getränk ein leichter Weißwein oder ein frisches Helles.

Meanwhile, peel and rice the potatoes into a bowl. Add salt and sprinkle with the flour. Using your fingertips, lift the potato mass to create the *Zwuller* – little clumps. (Do not knead!).
Melt 1 Tb clarified butter in a heavy skillet. Add small amounts of the potatoes to the pan and brown quickly. Place the *Zwuller* in a warm bowl when they are done. Continue this procedure, adding clarified butter as needed, until you have browned all the potatoes. Serve with the sauerkraut.

An appropriate accompaniment to *Zwuller mit Kraut* is either a light white wine or beer.

Szegediner Gulasch
Szeged Style Goulash

Zubereitungszeit ca. 2 Stunden

Die Küche Bayerns ist seit Jahrhunderten eng mit den angrenzenden Nachbarländern verwoben. Das Szegediner Gulasch kommt aus der österreichischen k.u.k. Küche und hat seinen Ursprung in Ungarn.

2 EL neutrales Pflanzenöl
2 mittelgroße Zwiebeln, in Streifen geschnitten
1 Knoblauchzehe, fein gehackt
2 TL Rosenpaprika
1/2 TL Kümmel, gemahlen
1–2 EL Tomatenmark
500 g Schweinefleisch (wahlweise 500 g Rindfleisch), in 2 cm große Würfel geschnitten
Salz
Pfeffer
500 ml heißes Wasser
750 g Sauerkraut
Tabasco
200 g Sauerrahm

Preparation time approx. 2 hours

Bavarian cuisine has been closely intertwined with that of neighboring countries for centuries. This goulash, named after the city of Szeged in Hungary, can trace its roots back to the days of the Austro-Hungarian Empire.

2 Tb flavorless cooking oil
2 medium-sized onions, cut into strips
1 garlic clove, finely chopped
2 tsp paprika
1/2 tsp cumin
1–2 Tb tomato paste
1 lb pork (or 1 lb beef), cut into 1-inch cubes
Salt
Pepper
4 cups hot water
1lb 10 oz sauerkraut
Tabasco
7 oz (scant cup) sour cream

Öl in einem großen Topf erhitzen. Zwiebeln zugeben und goldgelb andünsten. Knoblauch, Rosenpaprika, Kümmel und Tomatenmark unterrühren und leicht anbraten. Das Fleisch untermischen mit Salz und Pfeffer würzen. Das Ganze mit Wasser aufgießen und ca. 30–45 Minuten zugedeckt bei reduzierter Hitze halb durchgaren lassen. Anschließend Sauerkraut unterrühren und weitere 30 Minuten fertig garen. Noch einmal mit Salz und Pfeffer abschmecken. Einige Spritzer Tabasco geben dem Gulasch eine leicht scharfe Note. Sauerrahm in ein Schälchen füllen und separat reichen.

Mit Serviettenknödel, Fingernudeln oder einfach nur mit Brot servieren.

Heat the oil in a large pot. Add the onions and sauté until golden. Stir in the garlic, paprika, cumin and tomato paste and brown slightly. Mix in the meat and season with salt and pepper. Pour on the hot water over the meat; reduce heat and simmer, covered, for 30–45 minutes until almost done. Stir in the sauerkraut and cook an additional 30 minutes.

Adjust the seasoning with salt and pepper. Add a few dashes of Tabasco sauce to lend it a spicy note.
Serve the sour cream in a separate bowl.

Serve with *Serviettenknödel* (napkin dumplings), *Fingernudeln* (finger noodles) or simply with bread.

Spargelvariationen
Variations on Asparagus

Der weiße Spargel hat in Bayern eine lange Tradition, befindet sich doch innerhalb der weiß-blauen Landesgrenzen das größte Spargelanbaugebiet Deutschlands. Dieses zarte Gemüse mit seinem unvergleichlich Schmelz hat nur einige Wochen im Frühsommer Saison.

White asparagus has a long tradition in Bavaria since Germany´s largest asparagus-growing region is located within its boundaries. These succulent spears with their unparalleled taste are available for just a few weeks in early summer.

Lauwarmer Spargel mit Ei-Kräuter-Vinaigrette

Zubereitungszeit ca. 40 Minuten

Um dieses leichte Sommergericht als Vorspeise zu servieren, halbieren Sie einfach die Zutaten.

1 kg weißen Stangenspargel, geschält (Schalen eventuell für eine Suppe beiseite stellen. Siehe Tipps)
1 EL Butter
1 TL Salz
1/2 TL Zucker
1 Spritzer Zitronensaft
Weißer Balsamico Essig
Neutrales Pflanzenöl
1 Prise Zucker
Salz
Pfeffer
1 Bund Schnittlauch, in feine Röllchen geschnitten
1 Bund Kerbel, fein gehackt
1 Bund Petersilie, fein gehackt
1 EL Estragon, fein gehackt
1 Ei, hart gekocht und fein gehackt

Wasser in einen großen Topf füllen und aufkochen lassen. Spargel, Butter, Salz, Zucker und Zitronensaft zugeben und den Spargel ca. 20–25 Minuten gar kochen. (Kochbrühe für eine Suppe beiseite stellen, S. 76 Tipps.)

Warm Asparagus with Egg-Herb Vinaigrette

Preparation time approx. 40 minutes

To serve this light summer dish as a first course, simply halve the ingredients listed in the recipe.

2 1/4 lb white asparagus, peeled (Reserve the asparagus shavings for soup later. See Tips & Hints)
1Tb butter
1 tsp salt
1/2 tsp sugar
1 squeeze of lemon
White balsamic vinegar
Flavorless vegetable oil
1 pinch of sugar
Salt
Pepper
1 bunch of chives, cut into tiny rolls
1 bunch of chervil, finely chopped
1 bunch of parsley, finely chopped
1 Tb tarragon, finely chopped
1 egg, hard boiled and finely chopped

Bring a large pot of water to a boil. Add the asparagus, butter, salt, sugar and squeeze of lemon and cook about 20–25 minutes. (Reserve the cooking liquid for soup, see Tips & Hints p. 76.)

Währenddessen aus Balsamico Essig und Öl – im Verhältnis 1 zu 3 –, Zucker, Salz und Pfeffer eine Vinaigrette herstellen; dann vorsichtig die Kräuter untermischen.
Den fertigen Spargel auf einer Platte anrichten und noch lauwarm mit der Kräutermischung übergießen. Zum Schluss das gehackte Ei überstreuen.

Tipps: Hervorragend dazu passt auch hauchdünn geschnittener roher Schinken.
Um eine leckere Spargelsuppe zuzubereiten, geben Sie das aufgefangene Spargelwasser zurück in einen großen Topf und kochen es zusammen mit den Schalen erneut auf. In einem weiteren Topf erhitzen Sie 2 EL Butter und geben dann 1–2 EL Mehl dazu. Gut umrühren und nicht allzu braun werden lassen. Diese Butter-Mehl-Schwitze wird mit dem heißen Spargelsud – Schalen bitte abseien – abgelöscht. Nochmals aufkochen lassen und mit Salz und Pfeffer abschmecken. Den Topf vom Herd nehmen. Zum Schluss 3 EL Sahne mit 1 Eigelb verquirlen und in die Suppe rühren. Zum Servieren mit Schnittlauchröllchen garnieren.

Spargel mit Schinken, Salzkartoffeln und zerlassener Butter

Zubereitungszeit ca. 35–40 Minuten

Dieses Gericht klingt einfach, doch gerade dadurch kommt der einzigartige Geschmack des Spargels richtig zur Geltung. Diese Art der Zubereitung ist in Bayern äußerst beliebt.

1 kg kleine, überwiegend festkochende Kartoffeln, geschält und halbiert
Salz
1 kg Spargel, geschält
1 EL Butter
1 TL Salz
1/2 TL Zucker
250 g Butter
Ca. 80–100 g hauchdünn geschnittener Beinschinken
1 EL Schnittlauchröllchen

Die Kartoffeln in einen mit kaltem Wasser gefüllten Topf geben und salzen. Zum Kochen bringen und gar kochen.
In einen anderen Topf ebenfalls Wasser füllen und aufkochen.

Meanwhile, make a vinaigrette by combining vinegar and oil – in a ratio of 1 to 3 – sugar, salt and pepper; then gently stir in the herbs.
Arrange the cooked asparagus on a platter while still warm and pour the vinaigrette over the spears. Finish by sprinkling with chopped egg.

Tips & Hints: Paper-thin slices of ham are an excellent accompaniment.
To make a delicious soup using the asparagus cooking liquid and shavings, put the reserved cooking liquid into a large pot with the shavings and bring to a boil. In another pot, melt 2 Tb butter and stir in 1–2 Tb flour. Continue to stir, being careful not to let it brown too much. This flour-butter paste (roux) is called *helle Einbrenn* or light scorch in Bavaria. Douse with the hot asparagus cooking water having first strained out the shavings. Bring again to a boil and season with salt and pepper to taste. Remove from heat. Before serving, whisk 3 Tb heavy cream with 1 egg yolk and stir the mixture into the soup. Garnish with chopped chive rolls.

Asparagus with Ham, Boiled Potatoes and Drawn Butter

Preparation time approx. 35–40 minutes

It is precisely the remarkable simplicity of this dish that allows the asparagus's unique flavor come to the forefront. This is a favorite way of preparing asparagus in Bavaria.

2 2/4 lbs small potatoes (Maine, low starch variety), peeled and halved
Salt
2 1/4 lbs asparagus, peeled
1 Tb butter
1 tsp salt
1/2 tsp sugar
9 oz (1 stick + 2 Tb) butter
Approx. 3–3 1/2 oz boiled ham, sliced paper-thin
1 Tb chives cut into tiny rolls

Place the potatoes into a pot of cold salted water. Bring to a boil and cook until done.
Fill another pot with water and bring to a boil.

Spargel, Butter, Salz und Zucker zugeben und den Spargel gar kochen. Die Butter bei mittlerer Hitze in einem kleinen Topf zerlassen. Zum Anrichten in eine Sauciere geben.
Die Kartoffeln abseien und in einer vorgewärmten Schüssel servieren; den Spargel abgießen, mit den Kartoffeln und dem Schinken auf vorgewärmten Tellern anrichten. Den Spargel mit Schnittlauchröllchen garnieren. Die zerlassene Butter extra reichen.

Tipp: Geben Sie statt der zerlassenen Butter goldbraun in Butter geröstete Semmelbrösel über Ihren Spargel.

Add asparagus, butter, salt and sugar and cook until tender. Melt the butter over medium heat in a small saucepan. Serve in a sauceboat.
Drain and place the potatoes into a warm bowl; drain the asparagus and arrange on a warm platter with the boiled potatoes and ham. Garnish the asparagus with the chives; serve the melted butter on the side.

Tips & Hints: Instead of serving with drawn butter, sprinkle with breadcrumbs sautéed golden brown in butter.

Böfflamott
Beef à la Mode

Marinierzeit 2 Tage,
Zubereitungszeit ca. 2 1/2 Stunden

Das Böfflamott hat seine Wurzeln in Frankreich und ist ein Erbe aus Napoleons Herrschaftszeiten in Bayern.

1 kg Rindfleisch (flache Schulter oder Tafelspitz)
Salz
Pfeffer

Für die Marinade

2 mittelgroße Zwiebeln, in Würfel geschnitten
2 gelbe Rüben, geschält und gewürfelt
1 Petersilienwurzel, geschält und gewürfelt
2 getrocknete Lorbeerblätter
Ca. 4 getrocknete Wacholderbeeren
2 Pimentkörner
2 Nelken
100 ml Weinessig
Wasser

Zum Schmoren

Mehl
500 ml Marinierflüssigkeit
2 EL Butterschmalz
250 g Kalbsknochen
1 kleine Knollensellerie, geschält und in grobe, walnussgroße Stücke geschnitten
2 gelbe Rüben, in walnussgroße Stücke geschnitten
2 Petersilienwurzeln, in walnussgroße Stücke geschnitten
2 kleine Zwiebeln, geschält und grob geviertelt
1 kleiner Lauch, in grobe Stücke geschnitten
1 EL Tomatenmark
1 EL scharfer Senf
1/8 l Fleischbrühe

Marinating time 2 days,
Preparation time approx. 2 1/2 hours

As the name implies, the roots of *Böfflamott* are French, going back to the days of Napoleon's rule in Bavaria.

2 1/4 lbs beef (chuck shoulder or off the rib)
Salt
Pepper

For the marinade

2 medium-sized onions, diced
2 carrots, peeled and diced
1 parsnip, peeled and diced
2 dried bay leaves
Approx. 4 dried juniper berries
2 dried allspice berries
2 cloves
1/3 cup wine vinegar
Water

For braising

Flour
2 cups marinade
2 Tb clarified butter
1/2 lb veal bones
1 small celery root, peeled and cut into walnut-sized pieces
2 carrots, peeled and cut into walnut-sized pieces
2 parsnips, peeled and cut into walnut-sized pieces
2 small onions, peeled and quartered
1 small leek, coarsely chopped
1 Tb tomato paste
1 Tb Dijon-style mustard
1/2 cup beef stock

Das Fleisch kräftig mit Salz und Pfeffer einreiben und in eine große Schüssel legen. Zwiebeln, gelbe Rüben, Petersilienwurzel und die Gewürze zugeben und mit Weinessig und so viel Wasser aufgießen, bis das Fleisch vollständig bedeckt ist. Zugedeckt zwei Tage im Kühlschrank ruhen lassen.
Das Fleisch aus der Marinade heben und trocken tupfen. Von allen Seiten leicht mit Mehl bestäuben. Die Marinierflüssigkeit in eine Schüssel abseihen und beiseite stellen.
In einem großen Topf mit schwerem Boden Butterschmalz erhitzen und das Rindfleisch rundum anbraten. Nun das Fleisch aus dem Topf nehmen und beiseite stellen.
Kalbsknochen, Gemüse, Tomatenmark und Senf in den Topf geben und im gleichen Fett anrösten. Mit Brühe ablöschen und anschließend die Marinierflüssigkeit zugießen. Rindfleisch wieder zugeben. Bei kleiner Hitze zugedeckt ca. 2 Stunden schmoren lassen, dabei das Fleisch gelegentlich wenden.
Den Braten aus der Flüssigkeit heben. Die Sauce durch ein feines Sieb in eine Kasserolle gießen und bei mittlerer Hitze etwas einkochen lassen. Das Gemüse passieren und zur Sauce geben. Eventuell mit Salz und Pfeffer abschmecken.

Zum Böfflamott passen hervorragend Semmelknödel oder Serviettenknödel und Blaukraut als Beilage.

Rub the meat liberally with salt and pepper and place into a large bowl. Add the onions, carrots, parsnip and the spices along with the wine vinegar and enough water to fully cover the meat. Cover and refrigerate for two days.

Remove the meat from the marinade and pat dry. Dust the meat on all sides with flour. Strain the marinade into a bowl and set aside.
In a large heavy-bottomed pot melt the clarified butter and brown the meat on all sides. Then remove the meat and set it aside.
Add the veal bones, vegetables, tomato paste and mustard to the pot and brown in the same fat. Douse with the stock, then pour in the marinade. Return the meat to the pot, cover and braise over low heat for about 2 hours, turning the meat occasionally.

Lift the roast out of the braising liquid. Pour the cooking liquid through a fine strainer into a casserole and reduce over medium high heat. Pass the vegetables through a sieve and add them to the sauce. Salt and pepper to taste, if needed.

Bread- or steamed dumplings and red cabbage are excellent accompaniments to *Böfflamott*.

Bayerische Lasagne
Bavarian Lasagna

Zubereitungszeit ca. 1 Stunde
+ 20–30 Minuten Backzeit

1 EL Butter
1 große Dose Sauerkraut (ca. 750 g)
100 g Wammerl (Speck), in feine Würfel geschnitten
1 große Zwiebel, in feine Würfel geschnitten
100 ml helles Bier
1 kg mehlige Kartoffeln, in der Schale gekocht
Ca. 250–500 ml lauwarme Milch
1 Bund Schnittlauch, in Röllchen geschnitten
Salz, Pfeffer
1 Prise Muskat
Butter zum Ausfetten der Auflaufform
30 kleine Nürnberger Bratwürstel, fertig gebraten (s. S. 22)
2–3 EL Semmelbrösel
100 g frisch geriebener Parmesan

Die Butter in einer schweren Pfanne erhitzen und das Sauerkraut zusammen mit Wammerl und Zwiebeln scharf anbraten. Mit Bier ablöschen und bei reduzierter Hitze köcheln lassen, bis die Flüssigkeit verdampft ist. Eventuell mit Salz und Pfeffer abschmecken. Beiseite stellen.
Die Kartoffeln pellen und durch eine Kartoffelpresse in eine Schüssel drücken. Lauwarme Milch nach und nach zugeben und zu einem Brei verrühren. Schnittlauch unterrühren und mit Salz und Pfeffer würzen. Mit Muskat abschmecken.
Den Backofen auf 220° C vorheizen. Die Auflaufform ausfetten und das Kraut zuunterst in die Form geben. Dann die Bratwürste einschichten und das Ganze mit Kartoffelbrei bedecken. Semmelbrösel und Parmesan vermengen und gleichmäßig über die Lasagne streuen. Das Ganze im Ofen ca. 20 Minuten backen, bis die Parmesan-Semmelbröselmischung eine zartbraune Farbe angenommen hat.

Preparation time approx. 1 hour
+ 20–30 minutes baking time

1 Tb butter
1 large can of sauerkraut
3 1/2 oz side pork/thick bacon, finely diced
1 large onion, finely diced
1/3 cup beer
2 1/4 lbs mealy potatoes, cooked in their skins
Approx. 9–18 oz (1–2 cups) lukewarm milk
1 bunch of chives, cut into little rolls
Salt, Pepper
1 pinch nutmeg
Butter to grease the baking dish
30 small link sausages (Nuremberg variety), precooked (see p. 22)
2–3 Tb breadcrumbs
1/3 cup freshly grated Parmesan cheese

Melt the butter in a heavy pan and brown the sauerkraut together with the bacon and onions over high heat. Douse with the beer, lower the heat and simmer until all the liquid has evaporated. If necessary, salt and pepper to taste. Set aside. Peel and rice the potatoes into a bowl. Add the lukewarm milk, beating a little at a time until smooth. Now stir in the chives and season with salt and pepper, finishing with nutmeg to taste.

Preheat the oven to 425° F. Butter the baking dish and place the sauerkraut on the bottom to form your first layer. Then add the sausage links to create a second layer. Cover with mashed potatoes. Mix the breadcrumbs and the Parmesan cheese in a small bowl and sprinkle the mixture evenly over the lasagna. Bake for about 20 minutes until the Parmesan / breadcrumb mixture has browned slightly.

Beilagen
Side Dishes

Ein knuspriger Schweinsbraten ohne Knödel und Kraut? In Bayern undenkbar! Beilagen müssen hierzulande in der Regel neben deftigen Braten bestehen können. Und wem läuft nicht beim Anblick eines lockeren Kartoffelknödels in feiner Bratensauce das Wasser im Munde zusammen? Ganz zu schweigen von Spätzle, Fingernudeln und all den anderen Leckereien, die findige Hausfrauen und Gastwirte einst eher aus einer Not heraus erfanden, um viele Mäuler satt zu bekommen. Fleisch galt früher selbst in den städtischen Regionen als Luxus und kam, wenn überhaupt, nur sonntags nach dem Kirchgang auf den Tisch. Damals aß man also eher die Semmelknödel für sich als Hauptgericht, mit Sauerkraut oder gar mit Birnen- oder Zwetschgenkompott, dem so genannten „Tauch".

Frischer, grüner Salat als Wegbegleiter war – nachgewiesenermaßen – in Bayern schon immer eine Randerscheinung. Davon zeugen noch heute die meist recht klein gehaltenen und oftmals regelrecht phantasielosen Salatbeilagen in traditionellen Landgasthäusern.

Wen wundert es also, dass sogar die Salate deftig und gehaltvoll daherkommen. Der Zubereitung von lauwarmem Krautsalat wird in einschlägigen Brauchtumskalendern schon mal eine ganze Doppelseite gewidmet, inklusive Leserbriefe, versteht sich – denn in Bayern steckt nicht nur hinter dem Bier eine Philosophie, die es zu diskutieren gilt.

Serving a succulent pork roast without dumplings or sauerkraut would be unheard of in Bavaria. Side dishes in these parts generally have to stand their own against hearty meat offerings. And whose mouth wouldn't water at the sight of dumplings, light as clouds, residing in a tasty gravy? Then there are *Spätzl* (German noodles), *Fingernudln* (potato finger noodles) and all the other soul-satisfying dishes born of necessity and conjured up by resourceful housewives and cooks. As for meat, it was considered a luxury even in the cities, appearing only, if at all, at Sunday dinner after church. In olden days, the *Semmelknoedel* (bread dumpling) would have constituted a main meal, served with either sauerkraut or a *Tauch* (dunking sauce) such as pear or plum compote.

An accompanying fresh green salad has always been a marginal phenomenon in Bavaria. Even today, the small and downright unimaginative salads served in traditional rural restaurants all too often bear witness to this tradition.

It's no surprise then, that even salads here are hearty and hefty. Some almanacs have been known to dedicate as many as two pages (including contributions from readers) to the art of making a warm cabbage salad. Which is to say that Bavaria's culinary values are not found merely at the bottom of a *Mass* of beer.

Blaukraut
Cooked Red Cabbage

Zubereitungszeit ca. 1 Stunde

1 TL Zucker
1 EL Butter
1 mittelgroßer Kopf Blaukraut (Rotkraut), in feine Streifen geschnitten
3 säuerliche Äpfel, geschält und geviertelt
2–3 EL Rotweinessig oder Obstessig
2 EL Johannisbeergelee
1 mittelgroße Zwiebel, gespickt mit 3–4 Nelken
4 getrocknete Lorbeerblätter
1 Stück Ingwer mit Schale, ca. 1,5 cm
Evtl. 1 Stück Schale von 1 unbehandelten Orange, ca. 5 cm
Saft von 1 Orange
Salz
1 Prise Muskat
Evtl. Rotwein oder Gemüsebrühe zum Aufgießen

Einen schweren Topf erhitzen, Zucker einstreuen und karamelisieren lassen. Butter hinzufügen und umrühren. Dann das Blaukraut und die Äpfel zugeben und andünsten. Mit Essig ablöschen, damit das Gemüse seine Farbe behält.
Anschließend die restlichen Zutaten in den Topf geben und das Ganze leise köcheln lassen bis das Kraut weich ist. Bei Bedarf etwas Flüssigkeit in Form von Rotwein oder Gemüsebrühe zugeben.

Blaukraut isst man in Bayern gerne zu Ente oder Schweinsbraten. Es schmeckt aber auch gut zur Kalbshaxe oder zu Fingernudeln.

Preparation time approx. 1 hour

1 tsp sugar
1 Tb butter
1 medium-sized head of red cabbage, finely shredded
3 tart apples, peeled and quartered
2–3 Tb red-wine or cider vinegar
2 Tb red current jelly
1 medium-sized onion stuck with 3–4 cloves
4 dried bay leaves
1 piece of ginger with peel about 3/4 inch long
Optional: 1 piece of orange peel, about 2 inches long
Juice of 1 orange
Salt
1 pinch of nutmeg
Red wine or vegetable broth for replenishing cooking liquids, if necessary

Heat a heavy pot, add sugar and allow it to caramelize. Add butter and stir. Then add the cabbage and apples and sauté; douse with the vinegar to preserve the color.

Then add the remaining ingredients and allow to simmer gently until the cabbage is soft. If more liquid is necessary, add a little red wine or vegetable broth.

In Bavaria, red cabbage is a favorite with duck or *Schweinebraten* (roast pork). It is also a tasty accompaniment to *Kalbshaxe* (roast veal shank) or *Fingernudeln* (finger noodles).

Kartoffelsalatvariationen
Variations on Potato Salad

Der Kartoffelsalat ist ein Klassiker bayerischer Beilagengerichte. In alteingesessenen Wirtschaften ersetzt dieser deftige Salat oft den Knödel. So isst man Kartoffelsalat zum Beispiel traditionell zur Kalbshaxe und gelegentlich auch zum Schweinsbraten.

Potato salad is a classic Bavarian side dish. This hearty accompaniment often takes the place of dumplings in traditional restaurants where it´s served with roast veal shank and sometimes roast pork.

Kartoffel-Gurken-Salat

Zubereitungszeit ca. 1 Stunde

1,5 kg Salatkartoffeln, mit der Schale gekocht und anschließend gepellt
250 ml warme Brühe, z.B. Gemüsebrühe oder Fleischbrühe
1 mittelgroße Zwiebel, in feine Würfel geschnitten
1 Salatgurke, geschält und fein gehobelt
50 ml Essig, z.B. Apfel- oder Weinessig
1 TL mittelscharfer Senf
Salz
Pfeffer
50 ml neutrales Pflanzenöl

Die gepellten, noch heißen Kartoffeln in dünne Scheiben schneiden und in eine Schüssel geben, mit Brühe übergießen. Zwiebelwürfel und Gurkenscheiben untermischen. Essig, Senf, Salz und Pfeffer verrühren, über den Salat gießen und vorsichtig vermengen.
Anschließend den Kartoffelsalat 15–20 Minuten ziehen lassen. Zum Schluss das Öl zugeben und ein Letztes Mal kräftig durchmischen.

Tipp: Kartoffelsalat schmeckt lauwarm am besten. Zusätzlich 1–2 EL Sauerrahm geben dem Ganzen eine feine Note.

Potato and Cucumber Salad

Preparation time approx. 1 hour

3 1/3 lbs potatoes (Maine, low-starch variety) boiled in their jackets and peeled afterwards
1 cup warm vegetable or meat broth
1 medium-sized onion, finely diced
1 cucumber, peeled and sliced
3 1/3 Tb vinegar, apple or wine vinegar
1 tsp medium mustard
Salt
Pepper
3 Tb flavorless vegetable oil

Thinly slice the peeled potatoes into a bowl while still warm and pour the broth over the potatoes. Mix in the onions and cucumber. Whisk together the vinegar, mustard, salt and pepper; add to the salad and toss gently.

Let stand 15–20 minutes before adding the oil and tossing thoroughly one last time.

Tips & Hints: Potato salad tastes best warm. Adding 1–2 Tb sour cream to the salad will give it a refined touch.

Kartoffel-Endiviensalat mit Speckwürfelchen

Zubereitungszeit ca. 1 Stunde

1,5 kg Salatkartoffeln, gekocht und gepellt
250 ml warme Brühe, z.B. Gemüse- oder Fleischbrühe
1 mittelgroße Zwiebel, in feine Würfel geschnitten
1 Endivienstaude, in feine Streifen geschnitten
50 ml Apfel- oder Weinessig
1 TL mittelscharfer Senf
Salz
Pfeffer
Ca. 80–100 g Speckwürfel

Die Kartoffeln noch heiß in dünne Scheiben schneiden und in eine Schüssel geben, mit Brühe übergießen. Zwiebelwürfel und Endivienstreifen zugeben und untermischen. Essig, Senf, Salz und Pfeffer verrühren, über den Salat gießen und vermengen.

Anschließend den Kartoffelsalat 15–20 Minuten ziehen lassen. Unterdessen die Speckwürfel in einer beschichteten Pfanne anbraten und noch warm über den Salat geben.

Potato-Chicory Salad with Diced Bacon

Preparation time approx. 1 hour

3 1/3 lbs potatoes (Maine, low-starch variety), boiled and peeled
1 cup warm vegetable or meat broth
1 medium-sized onion, finely diced
1 head of chicory, washed and cut into thin strips
3 1/3 Tb cider or wine vinegar
1 tsp medium mustard
Salt
Pepper
Approx. 3–3 1/2 oz diced bacon

Thinly slice the potatoes into a bowl while still hot and pour the broth over the potatoes. Mix in the onion and the chicory. Combine the vinegar, mustard, salt and pepper; add to the salad and toss.

Let stand 15–20 minutes. Meanwhile, brown the bacon in a non-stick pan and add to the salad while still warm.

Kartoffelvariationen
Variations on Potatoes

Bratkartoffeln

Zubereitungszeit ca. 40 Minuten

1 kg festkochende Kartoffeln
1–3 EL Butterschmalz
Salz
Pfeffer

Kartoffeln mit der Schale gar kochen. Abkühlen lassen, pellen und in dünne Scheiben schneiden.
Butterschmalz in einer schweren Pfanne erhitzen und die Kartoffelscheiben bei mittlerer Hitze ca. 15 Minuten goldgelb braten. Mit Salz und Pfeffer abschmecken.

Zu Bratkartoffeln passen gut Tafelspitz und Fleischpflanzerl.

Tipps: Bereits am Vortag gekochte Kartoffeln eignen sich für Bratkartoffeln besonders gut.
Sehr lecker sind auch zusammen mit den Kartoffeln gebratene und in Stückchen geschnittene Reste vom Tafelspitz oder Fleischwurststücke, sogenannte Fleisch– oder Wurstgröstl.
Bratkartoffeln können Sie auch mit rohen Kartoffeln zubereiten. Dazu benötigen Sie 8–10 EL Butterschmalz und 1 kg festkochende Kartoffeln, geschält und in hauchdünne Scheiben geschnitten oder gehobelt. Das Schmalz in einer schweren Pfanne erhitzen und die Kartoffelscheiben bei mittlerer Hitze portionsweise goldbraun braten.

Pan-Fried Potatoes

Preparation time approx. 40 minutes

2 1/4 lbs potatoes (Maine, low-starch variety)
1 – 3 Tb clarified butter
Salt
Pepper

Boil potatoes in their jackets until done. Let cool; then peel and slice thinly.
Melt the butter in a heavy skillet and fry the potatoes over medium heat until golden, about 15 minutes. Season to taste with salt and pepper.

Bratkartoffeln are a good accompaniment to *Tafelspitz* (boiled beef) and *Fleischpflanzerl* (meat patties).

Tips & Hints: Potatoes cooked the day before are perfect for frying.
Another tasty variation is what is known as *Fleischgröstl* or *Wurstgröstl* – leftover boiled beef or sausage, cut up and sautéed with potatoes.

You can also prepare this dish with raw potatoes. You will need 8–10 Tb clarified butter and 2 1/4 lbs low-starch potatoes, peeled and sliced paper thin. Melt the butter in a heavy skillet and fry the potatoes in batches until golden brown.

Kartoffelbrei

Zubereitungszeit ca. 40 Minuten

1 kg mehlige Kartoffeln, in der Schale gekocht
250–500 ml lauwarme Milch
Salz
Pfeffer
1 Msp Muskat, gerieben
Außerdem
150–200 g kalte Butterflöckchen

Die noch warmen Kartoffeln pellen und durch eine Kartoffelpresse in eine Schüssel drücken. Soviel lauwarme Milch zugeben, dass ein lockerer Brei entsteht. Mit Salz, Pfeffer und Muskat abschmecken. Zum Schluss die kalten Butterflöckchen unterrühren.

Kartoffelbrei passt gut zu Sauerbraten oder Krautwickerln.

Tipp: Bei Kartoffelbrei sind Ihrer Phantasie keine Grenzen gesetzt. 1–2 geschälte und weich gekochte gelbe Rüben, ebenfalls durch die Kartoffelpresse gedrückt, geben dem Kartoffelbrei neben der frischen Farbe eine leichte, interessante Süße, genau wie 1–2 gekochte und geschälte Süßkartoffeln. Schnittlauchröllchen, gehackte Thymianblättchen, fein gehackte Petersilie oder frischer Kerbel verleihen dem Kartoffelbrei zusätzlich Würze.

Potato Purée

Preparation time approx. 40 minutes

2 1/4 lbs potatoes (Russet, high-starch variety), cooked in their jackets
1–2 cups lukewarm milk
Salt
Pepper
1 pinch nutmeg, freshly grated
In addition
10–14 Tb cold butter, cut into small bits

Peel and rice the potatoes, while still warm, into a bowl. Add just enough of the milk until you have a fluffy purée. Season to taste with salt, pepper and nutmeg. Finish by mixing in the cold bits of butter.

Potato purée goes well with *Sauerbraten* (braised marinated beef) or *Krautwickerl* (stuffed cabbage).

Tips & Hints: The sky's the limit when it comes to ways you can vary this recipe.
Add 1–2 peeled, cooked and riced carrots to the potato purée to give it a hint of color and sweetness; or 1–2 cooked, peeled and riced sweet potatoes.
Chives cut into tiny rings, freshly chopped thyme, finely minced parsley or fresh chervil all lend this dish extra character.

Fingernudeln

Zubereitungszeit 20–30 Minuten am Vortag + 30 Minuten

1 kg mehlige Kartoffeln, in der Schale, am Vortag gekocht
150 g Mehl
2 Eier
1 Msp Muskat, gerieben
Salz
Pfeffer
Außerdem
Mehl zum Weiterverarbeiten
Butterschmalz

Die Kartoffeln pellen und durch eine Kartoffelpresse in eine Schüssel drücken. Das Mehl darüber sieben und Eier, Muskat, Salz und Pfeffer zugeben. Das Ganze zu einem glatten Teig verkneten.

Eine Arbeitsfläche mit Mehl bestäuben und den Teig darauf zu einer Rolle formen. Ca. 5 cm lange Stücke abschneiden und mit bemehlten Händen etwa fingerlange Nudeln formen.

Ca. 2 EL Butterschmalz in einer schweren Pfanne erhitzen und die Fingernudeln darin goldgelb braten. Immer wieder Butterschmalz zugeben.

Fingernudeln schmecken gut zu Sauerbraten oder Krautwickerln, werden aber auch gerne als Hauptgericht z.B. zu Sauerkraut (s. S. 72) serviert.

Tipp: Fingernudeln mit Apfelmus (s. S. 18))

Finger Noodles

Preparation time 20–30 minutes the day before + 30 minutes the day of serving

2 1/4 lb potatoes, (Russet, high-starch variety), cooked in their jackets one day before
1 cup + 1 1/3 Tb flour
2 eggs
1 pinch nutmeg, freshly grated
Salt
Pepper
In addition
Flour for kneading
Clarified butter

Peel and rice the potatoes into a bowl. Sift the flour over the riced potatoes and add the eggs, nutmeg, salt and pepper. Knead until dough is smooth.

Flour the work surface and form the dough into a roll. Cut off 2-inch pieces, cover hands with flour and shape the pieces into fingers.

Melt about 2 Tb clarified butter in a heavy skillet and fry the noodles until golden, adding more clarified butter as needed.

Fingernudeln are tasty together with *Sauerbraten* or *Krautwickerl* (stuffed cabbage). Served with sauerkraut, they also make a popular main course (see p. 72).

Tips and Hints: Try these noodles with applesauce (see p. 18)

Saures Kartoffelgemüse

Zubereitungszeit ca. 30 Minuten

1 kg festkochende Kartoffeln
1 EL Butter
1 große Zwiebel, fein geschnitten
2–3 EL Mehl
500–750 ml Gemüsebrühe
3 EL Obstessig
2 getrocknete Lorbeerblätter
5 getrocknete Pimentkörner
5 getrocknete Wacholderbeeren
2 Nelken
1 kleine Stange Lauch, feine Ringe geschnitten
Salz
Pfeffer
2 EL Petersilie, gehackt

Kartoffeln mit der Schale ca. 20 Minuten gar dämpfen. Währenddessen Butter in einem Topf erhitzen und die Zwiebeln darin glasig dünsten. Mit Mehl bestäuben, dabei ständig rühren, bis sich die „Einbrenn" goldgelb verfärbt. Mit Brühe und Essig ablöschen, einmal, unter ständigem Rühren, aufkochen lassen und anschließend die getrockneten Gewürze zugeben.
Die Hitze reduzieren und zugedeckt ca. 20–30 Minuten leise köcheln lassen. Nach 15 Minuten den Lauch unterrühren. Die Kartoffeln abkühlen lassen, pellen und in dünne Scheiben schneiden. Noch lauwarm untermischen. Den Topf vom Herd nehmen. Mit Salz und Pfeffer abschmecken. Zum Schluss Petersilie unterheben.

Saures Kartoffelgemüse schmeckt gut zum Tafelspitz oder zu Krautwickerln.

Warm Marinated Potatoes

Preparation time approx. 30 minutes

2 1/4 lbs potatoes (Maine, low-starch variety)
1 Tb butter
1 large onion, finely chopped
2–3 Tb flour
2–3 cups vegetable broth
3 Tb cider vinegar
2 dried bay leaves
5 dried allspice berries
5 dried juniper berries
2 cloves
1 small leek, rinsed and thinly cut into rings
Salt
Pepper
2 Tb parsley, chopped

Steam the potatoes in their jackets for about 20 minutes. Meanwhile, melt the butter in a pot and sauté the onions until translucent. Sprinkle the onions with the flour, stirring constantly, until the butter-flour-onion paste, the *Einbrenn*, turns golden. Douse the pan with the broth and vinegar. Stirring constantly, return to the boil and add the dried herbs and spices.
Cover and let simmer for about 20–30 minutes. Stir in the leek after 15 minutes.
Let the potatoes cool, then peel and thinly slice. Stir in the potatoes while still warm into the pot with the onions. Remove the pot from the stove; salt and pepper to taste. Stir in the chopped parsley.

Saures Kartoffelgemüse goes well with *Tafelspitz* (boiled beef) or *Krautwickerln* (stuffed cabbage).

Stampfkartoffeln

Zubereitungszeit ca. 40–45 Minuten

1,5 kg vorwiegend festkochende Kartoffeln, geschält und geviertelt
Ca. 250–500 ml lauwarme Milch
4–5 EL zerlassene Butter
1 TL frischen Thymian, fein gehackt
Salz
Pfeffer

Die Kartoffeln in einem Topf mit Salzwasser bei mittlerer Hitze gar kochen. Die gekochten Kartoffeln abgießen.
Milch und Butter über die Kartoffeln geben und das Ganze mit einer Gabel grob zerdrücken, sodass eine luftige Kartoffelmasse bzw. ein grober Kartoffelbrei entsteht. Thymian unterrühren und mit Salz und Pfeffer abschmecken.

Stampfkartoffeln bilden eine wohlschmeckende Beilage zu Krautwickerln oder zum Tafelspitz.

Tipp: Kalt gepresstes Olivenöl statt der zerlassenen Butter, verleiht den Stampfkartoffeln eine mediterrane Note, was ausgesprochen gut zu den Krautwickerln passt.

Mashed Potatoes

Preparation time approx. 40-45 minutes

3 1/3 lbs potatoes (Maine, low-starch variety), peeled and quartered
Approx. 1–2 cups lukewarm milk
4–5 Tb melted butter
1 tsp fresh thyme, finely chopped
Salt
Pepper

Bring a pot of salted water to a boil and cook the potatoes over medium heat. Then drain the potatoes.
Add the milk and butter to the potatoes and mash the ingredients with a fork until you have a chunky, yet fluffy mass. Stir in the fresh thyme and season to taste with salt and pepper.

Stampfkartoffeln are a tasty accompaniment to *Krautwickerl* (stuffed cabbage) or *Tafelspitz* (boiled beef).

Tips & Hints: To give your mashed potatoes a Mediterranean flare, use first-pressed virgin olive oil instead of butter. This variation goes exceptionally well with *Krautwickerln.*

Knödelvariationen
Variations on Dumplings

Der Knödel ist aus Bayern nicht wegzudenken. Ihn als simple Beilage zu bezeichnen ist fast schon eine Beleidigung, versinnbildlicht er doch in seiner appetitlichen Rundheit jene bayerisch, barocke Gemütlichkeit, für die man dieses Land jenseits der weiß-blauen Grenzen so sehr liebt. Je nach Landstrich isst man zum Beispiel am liebsten Semmel- und Kartoffelknödel, Servietten- oder simple Pressknödel. Neben den pikanten Knödeln, die meist mit einem üppigen Braten auf den Tisch kommen, gibt es auch noch süße Kreationen, die das Genießerherz höher schlagen lassen.

Bavaria and its *Knödel* (dumplings) are inseparable. To refer to the *Knödel* as a simple side dish is practically an insult. These succulent spheres conjure up elaborate images of *Gemütlichkeit*, that feeling of supreme contentment, for those dwelling within Bavaria's borders. Depending on the region, the dumpling of choice might be either bread or potato dumpling, napkin or cheese and potato dumplings. In addition to savory dumplings, hobnobbing with hearty roasts, there are also sweet creations, which will have your heart all a-flutter.

Semmelknödel

ergibt 8–10 Stück,
Zubereitungszeit ca. 50 Minuten

Der Semmelknödel ist, neben dem Kartoffelknödel, mit Sicherheit der bekannteste Knödel Bayerns. Das Licht der Welt erblickte er in Oberbayern, wo er zuerst als Speise der Armen galt und bis zu dreimal die Woche, meist mit einem Kompott aus Birnen oder Zwetschgen, auf den Mittagstisch kam. Zudem war der Semmelknödel, zusammen mit Kraut, ein beliebtes Fastengericht.

10 altbackene Semmeln oder
500 g altbackenes Weißbrot, fein aufgeschnitten
3/8 l lauwarme Milch
1 EL Butter
1 große Zwiebel, in feine Würfel geschnitten
4 EL glatte Petersilie, fein gehackt
3 Eier
Ca. 1 TL Salz
1 Prise Muskat
Evtl. Semmelbrösel, falls der Teig zu matschig wird

Bread Dumplings

Yields 8–10 dumplings,
preparation time approx. 50 minutes

This dumpling, along with its potato cousin, is without a doubt Bavaria's best known. The birthplace of this delectable dumpling was in Upper Bavaria. Initially it was a poor man's meal, served as often as three times a week as a luncheon accompaniment to a pear or plum compote. *Semmelknödel*, along with cabbage, was also a favorite Lenten dish.

10 stale rolls or
1 lb stale white bread, thinly sliced
1 1/2 cups lukewarm milk
1 Tb butter
1 large onion, finely diced
4 Tb flat-leaf parsley (Italian), finely chopped
3 eggs
Approx. 1 tsp salt
1 pinch of nutmeg
Dried breadcrumbs, should the mixture be too wet.

Die geschnittenen Semmeln in eine Schüssel geben und mit der erwärmten Milch übergießen. Durchmischen und ca. 30 Minuten zugedeckt ruhen lassen. Währenddessen die Butter in einer Pfanne erhitzen. Gehackte Zwiebel und Petersilie hineingeben und sanft schmoren, bis die Zwiebeln glasig sind.

Den Pfanneninhalt über die Semmelmasse geben. Die drei Eier aufschlagen und ebenfalls zu den Semmeln geben. Salz und Muskat dazu und das Ganze nun mit den Händen locker durchmischen, nicht zu fest kneten! Anschließend die Hände mit Wasser anfeuchten und gleichmäßig runde Knödel formen. Falls die Masse nicht fest genug, also zu matschig ist, Semmelbrösel untermischen.

In einem großen Topf Wasser zum Kochen bringen und salzen. Die Knödel ins kochende Wasser legen und sofort die Hitze reduzieren, sodass die Semmelknödel nun ca. 15–20 Minuten gar ziehen können. Mit einer Schaumkelle herausnehmen, kurz abtropfen lassen und in einer Schüssel servieren.

Der Semmelknödel ist ein klassischer Begleiter zu jeder Art von Braten.

Place the roll or bread slices into a bowl and pour the warm milk over them. Mix the bread well with the milk; cover and let rest for about 30 minutes. Meanwhile, melt the butter in a pan, add the chopped onion and sauté until the onions are translucent.

Add the contents of the pan to the bread mixture. Break the eggs into the bowl with the bread. Add the salt and nutmeg and mix the ingredients with your hands, being careful not to overknead. Then wet your hands and shape uniformly sized dumplings. If the mixture is not firm enough i.e. too mushy, mix in more breadcrumbs.

Bring a large pot of salted water to a boil. Place the dumplings into the boiling water; immediately lower the heat so that the dumplings will just simmer until done, about 15–20 minutes. Remove with a skimmer, let drain briefly and then serve in a bowl.

Semmelknödel is a classic accompaniment to any kind of roast.

Seidene Kartoffelknödel

ergibt ca. 10 Stück,
Zubereitungszeit ca. 40 Minuten

In Bayern unterscheidet man zwischen seidenen und halbseidenen Kartoffelknödeln, oder Kartoffelklöße, wie sie auch genannt werden. Für seidene Knödel verwendet man ausschließlich am Vortag gekochte Kartoffeln der mehligen Sorte.
Für halbseidene Klöße dagegen ein Gemisch aus rohen und gekochten Kartoffeln. Die Herstellung von „Halbseidenen" ist sehr arbeitsaufwändig. Zudem braucht der Koch eine gehörige Portion „Schmalz", wie man hierzulande sagt, also Muskelkraft, um dem Teig seine charakteristische Konsistenz zu geben.

1 kg mehlige Kartoffeln, am Vortag gekocht
Ca. 100 g Kartoffelstärke
1 Ei
1 TL Salz
Außerdem
Goldbraun geröstete Weißbrotcroutons

Die Kartoffeln pellen und in eine Schüssel reiben. Die Stärke locker darüber stäuben. Das Ei und das Salz zufügen und alles rasch zu einem geschmeidigen Teig verarbeiten. Falls die Masse noch an den Fingern klebt, noch etwas Stärke einarbeiten. Zu Knödeln formen und in die Mitte jeweils einige geröstete Weißbrotwürfel stecken.
In einem großen Topf Wasser zum Kochen bringen, salzen und die Knödel einlegen. Die Hitze dann reduzieren und die Kartoffelknödel ca. 15–20 Minuten gar ziehen lassen.

Kartoffelknödel werden als Beilage gerne zu verschiedenen Braten oder Haxen serviert.

Serviettenknödel s. S. 56

Silky Potato Dumplings

Yields about 10 dumplings,
preparation time approx. 40 minutes

Bavarians make a distinction between the *seidene* silky-smooth dumplings and the *halbseidene* – a coarser variety – also known as *Kartoffelklöße.* For a smooth texture, use starchy potatoes cooked the day before.
For dumplings with a coarser texture, a combination of raw and cooked potatoes is used. Making the latter variety is a tedious task indeed. Moreover, the cook needs a goodly amount of *Schmalz,* as the locals quaintly put it, or brawn, just to be able to stir the mixture to the desired consistency.

2 1/4 lbs potatoes (Russet, high-starch variety), cooked the day before
Approx. 7 Tb (scant 1/2 cup) potato starch
1 egg
1 tsp salt
In addition
White-bread croutons toasted golden brown

Peel and grate the potatoes into a bowl. Dust the potato starch lightly over the potatoes. Add the egg and salt and quickly work the ingredients into a smooth soft dough. If the dough sticks to your fingers, work in a little more starch. Now shape the dumplings, inserting a toasted crouton into the middle of each one.
Bring a large pot of salted water to a boil and add the dumplings. Lower the heat and simmer until done, about 15–20 minutes.

Bavarian cooks like to serve potatoe dumplings with a variety of roasted meats or shanks.

Napkin Dumplings see p. 56

Spätzle
German Noodles

Zubereitungszeit ca. 20–30 Minuten

400 g Mehl
4 Eier
Ca. 80–100 ml lauwarmes Wasser
Salz
Außerdem
Spätzlehobel

Mehl und Eier in einer Schüssel gut durchmischen. Nach und nach etwas Wasser zugeben. Der Teig sollte ziemlich zäh und fest sein. Mit einer Prise Salz würzen. Den Teig mit einem Holzkochlöffel kräftig durchschlagen, bis er Blasen wirft.
In einem großen Topf Wasser zum Kochen bringen und salzen. Den Spätzleteig portionsweise durch einen „Spätzlehobel" ins kochende Wasser schaben. Sind die Spätzle gar, steigen sie an die Wasseroberfläche (Garzeit ca. 2 Minuten). Mit einer Schaumkelle abschöpfen und in eine vorgewärmte Schüssel geben.

Tipps: Schwäbische Hausfrauen geben die Spätzle nicht in einen Spätzlehobel, sondern streichen den Teig auf ein am Ende abgeschrägtes Holzbrett. Mit flinker Hand werden nun die Spätzle blitzschnell mit einem Metallschaber in das kochende Wasser geschabt.
Um die beliebten Kässpatzen zuzubereiten, mischen Sie unter die Spätzle einfach ca. 300 g geriebenen Emmentaler und stellen sie für 2–3 Minuten bei ca. 150° C in den Backofen. Vor dem Servieren gebräunte Zwiebeln darüber geben.

Spätzle passen gut zu Sauerbraten.

Preparation time approx. 20–30 minutes

2 2/3 cups flour
4 eggs
Approx. 5 Tb – 1/3 cup lukewarm water
Salt
In additon
***Spätzlehobel* – Similar to a mandolin for grating (If not available, use a colander or the large holes of a grater)**

Place flour and eggs into a bowl and blend well. Add water a little at a time. The dough should be fairly firm and elastic. Season with a pinch of salt. Mix vigorously with a wooden spoon until the dough begins to form bubbles.
Bring a large pot of water to a boil; add salt. Push the *Spätzle* dough in batches through a *Spätzlehobel* (or a substitute), into the boiling water. The noodles are done when they float to the top (cooking time about 2 minutes). Transfer the cooked *Spätzle* to a warm bowl using a skimmer.

Tips & Hints: The Swabian housewife doesn't bother with a *Spätzlehobel.* She spreads the dough out onto a pastry board with a diagonal end. Nimble fingers then use a metal scraper to form the *Spätzle* and flick them into the boiling water.

To make the beloved cheese *Spätzle – Kässpatzen* – simply mix about 10 oz grated emmentaler into the bowl of cooked *Spätzle* and put it into the oven at 300° F for 2–3 minutes. Before serving, top with browned onions.

Spätzle go well with dishes like *Sauerbraten.*

Warmer Krautsalat
Warm Cabbage Salad

Zubereitungszeit ca. 30 Minuten

1 mittelgroßer Weißkrautkopf, gehobelt
80–100 g Speck, z.B. Wammerl, in feine Würfel geschnitten
1/2 TL Kümmelsamen
3–4 EL Weißweinessig
Salz
Pfeffer
1 Prise Zucker

In einem großen Topf reichlich Wasser zum Kochen bringen, salzen und das Weißkraut zugeben. In ca. 8–10 Minuten bissfest kochen. Währenddessen den Speck in einer Pfanne goldbraun anbraten. Zum Schluss den Kümmel zugeben und unter ständigem Rühren 1 Minute lang mitbraten.
Das Weißkraut abseien und in eine Schüssel geben. Speck und Kümmel unterrühren und mit Weißweinessig, Salz, Pfeffer und Zucker abschmecken.

Der Krautsalat ist die klassische Beilage zum Schweinsbraten oder zur Kalbshaxe.

Preparation time approx. 30 minutes

1 medium-sized cabbage, shredded
3–3 1/2 oz bacon, finely diced
1/2 tsp caraway seeds
3–4 Tb white-wine vinegar
Salt
Pepper
1 pinch of sugar

Bring a large pot filled with water to a boil; salt and add the cabbage. Cook about 8–10 minutes until *al dente*. Meanwhile, pan-fry the bacon until golden brown. Add and sauté the caraway seeds with the bacon, stirring constantly for 1 minute.
Drain the cabbage and place in a bowl. Stir in the bacon and caraway seeds and season with the white-wine vinegar, salt, pepper and sugar.

Cabbage salad is a classic accompaniment to *Schweinsbraten* (roast pork) or *Kalbshaxe* (veal shank).

Süßes
Sweets

Die Bayern sind, man mag es angesichts Schweinsbraten und Knödeln kaum glauben, recht „g'schleckert", sprich sie mögen's gerne süß. Dank der unmittelbaren Nähe Österreichs im Süden des Freistaats haben schon vor vielen Jahren die berühmt-berüchtigten Mehlspeisen Einzug in regionale bayerische Speisepläne gehalten. Ja, und das einfache Volk, die Bauern und Kleinhäusler beispielsweise, hat seit jeher die so genannten „einfachen Mehlspeisen" zu schätzen gewusst, wie zum Beispiel die Auszogne, diverse Nudeln oder den Schmarrn. Alles billige Gerichte damals, die auch eine große Familie satt machen konnten. Dazu gab es oft den so genannten „Tauch", einfaches Kompott aus Zwetschgen, Äpfeln oder Birnen – was der Obstgarten eben hergab. Viele Süßspeisen kamen mittags auf den Tisch oder wurden am frühen Nachmittag zu den Männern und Frauen auf die Felder gebracht.

Daneben wurde – und wird – zu hohen, kirchlichen Feiertagen gebacken. Schneeballen und Auszogne, Fensterkücherl, wie sie in Niederbayern und in der Oberpfalz genannt werden, isst man heute noch gerne in Bayern zu Kirchweih oder im Fasching. Und der Zwetschgendatschi ist ein sicherer Garant dafür, dass der Herbst still und leise das Kommando im Jahreslauf übernommen hat.

Incredible as it may seem, given the prevalence of *Schweinsbraten* and *Knödeln*, the Bavarians have a real sweet tooth. Thanks to its proximity to Bavaria, Austria and its acclaimed desserts have long exerted their influence on regional Bavarian menus. The simple folk, the peasants and petty bourgeoisie, have long appreciated the simple sweet pleasures borne of flour, sugar and eggs such as the *Auszogne* (a type of doughnut without the hole), various noodles or *Schmarrn* (a scrambled pancake). It was all inexpensive fare back then, capable of satisfying even a large family. Often they were accompanied by a *Tauch* (a simple compote of plums, apples and pears), whatever the orchard had to offer. Sweet courses often appeared on the table at noontime or were brought out to the men and women working in the fields in the early afternoon.

Of course, there was and still is a lot of baking going on during the religious holidays. *Schneeballen* (snowballs) – and *Auszogne, Fensterkücherl* (window cakes), as they are called in Lower Bavaria and in the Upper Palatinate, are still enjoyed in Bavaria at *Kirchweih* – a celebration marking a church's consecration or *Fasching* (Carnival). And *Zwetschgendatschi* (plum cake) is a sure sign that autumn has quietly made its appearance.

Apfelkücherl
Apple Rings

Zubereitungszeit ca. 40 Minuten

5–6 säuerliche Äpfel, geschält, die Kerngehäuse ausgestochen, in ca. 1 cm dicke Ringe geschnitten
Saft von 1 halben Zitrone
200 g Weizenmehl
2 Eier
Ca. 1/8 l Milch
1 EL Rum
70 g Zucker
1 Prise Salz
Zucker und Zimt zum Bestreuen
Außerdem
Butterschmalz zum Ausbacken

Die Apfelringe mit Zitronensaft beträufeln, damit sie nicht braun werden. Mehl, Eier, Milch, Rum, Zucker und Salz in eine Schüssel geben und zu einem dicken Teig verrühren.
2 EL Butterschmalz in eine Pfanne geben und erhitzen. Die Apfelringe einzeln durch den Teig ziehen und in das heiße Fett einlegen. Von beiden Seiten goldbraun backen, dabei mehrmals wenden. Die Apfelkücherl sollten beim Anstechen weich sein.
Wenn nötig, erneut Butterschmalz in die Pfanne geben. Die fertig gebackenen Apfelkücherl auf einem Küchentuch abtropfen lassen und anschließend noch warm mit Zimt und Zucker bestreuen.

Preparation time approx. 40 minutes

5–6 tart apples, cored and sliced into 3/8-inch rings
Juice of 1/2 lemon
1 1/3 cups all-purpose flour
2 eggs
Approx. 1/2 cup milk
1 Tb rum
1/4 cup sugar
1 pinch salt
Sugar and cinnamon for dusting
In addition
Clarified butter for frying

Sprinkle the apple rings with lemon juice to prevent them from discoloring. Place the flour, eggs, milk, rum, sugar and salt into a bowl and mix until you have a thick batter.
Melt 2 Tb clarified butter in a pan. Dip the apple rings into the batter one at a time and place into the pan. Fry on both sides, turning several times until golden brown. The apples should be soft when pierced.

If necessary, add more butter to the pan. When done, place the apple rings onto a paper towel to drain; sprinkle while still warm with cinnamon and sugar.

Apfelstrudel
Apple Strudel

Zubereitungszeit 45 Minuten, Backzeit 30 Minuten

Der Apfelstrudel ist aus der bayerischen Küche nicht mehr wegzudenken, dabei ist er, wie z.B. Marillenknödel, Salzburger Nockerl und der berühmte Kaiserschmarrn (s. S. 122) ein waschechter Österreicher.

Für den Strudelteig

- 200 g Mehl
- 1 Ei
- 1 TL Apfelessig
- 1 Prise Salz
- 2 EL zerlassene Butter
- 50 ml warmes Wasser

Außerdem

- 2 EL neutrales Öl und zusätzlich 100 g zerlassene Butter zum Bestreichen des fertigen Teiges
- Ein sauberes Geschirrtuch
- Puderzucker zum Bestäuben

Für die Füllung

- 80 g Butter
- 80–100 g Semmelbrösel
- 4 große säuerliche Äpfel, geschält, entkernt, geviertelt und in ca. 3 mm dicke Scheiben geschnitten
- 150 g Zucker
- 1 TL Zimt
- 2 EL Rum oder Weinbrand
- 1 EL Vanillezucker (Zubereitung siehe Tipps)
- Evtl. 80 g Rosinen

Die Zutaten für den Strudelteig in eine Schüssel geben und zu einem festen, glatten Teig verarbeiten. Den Teig auf ein bemehltes Arbeitsbrett legen und mit Öl bestreichen. Eine Schüssel mit heißem Wasser ausschwenken und den Teig mit der Schüssel abdecken. 20 Minuten ruhen lassen.

Preparation time 45 minutes, baking time 30 minutes

Bavarian cuisine without apple strudel would be unimaginable. Strudel, like so many other classic desserts such as *Marillenknödel, Salzburger Nockerl* and the beloved *Kaiserschmarrn* (see p. 122), is a purely Austrian creation.

For the strudel dough

- 1 1/3 cups flour
- 1 egg
- 1 tsp cider vinegar
- 1 pinch of salt
- 2 Tb melted butter
- Scant 1/4 cup warm water

In addition

- 2 Tb flavorless vegetable oil and an additional 1/3 cup melted butter for brushing the dough
- Clean kitchen towel
- Powdered sugar for dusting

For the filling

- 5 Tb Butter
- 5–6 Tb dried breadcrumbs
- 4 large tart apples, peeled, cored, quartered and cut into 1/8 inch slices
- 2/3 cup sugar
- 1 tsp cinnamon
- 2 Tb rum or brandy
- 1 Tb vanilla sugar (for recipe, see Tips & Hints)
- Optional: 1/3 cup raisins

Place the ingredients for the dough into a bowl and work into a smooth, firm mass. Place dough onto a floured pastry board and brush with oil. Rinse out a bowl with hot water and invert it over the dough; let rest for 20 minutes.

Währenddessen Butter in einer Pfanne erhitzen und die Semmelbrösel darin goldgelb anrösten. Beiseite stellen.
Die restlichen Zutaten für die Strudelfüllung in eine Schüssel geben – mit oder ohne Rosinen, ganz nach Geschmack – und gut vermengen.
Den Backofen auf 200° C vorheizen. Ein sauberes Küchentuch, am besten mit Muster, damit Sie sehen können, ob der Teig dünn genug ist, mit Mehl bestäuben und den Teig darauf ausrollen. Zum Abschluss mit den Fingern vorsichtig auseinanderziehen, bis das Muster des Küchentuchs durchscheint. Den Strudelteig mit zerlassener Butter bestreichen und mit den Semmelbröseln bestreuen. Dann die Äpfel auf dem oberen oder unteren Teigdrittel verteilen. Das Küchentuch anheben und von der belegten Seite aus den Strudel einrollen. Den Strudel mit zerlassener Butter bestreichen und auf ein mit Backpapier ausgelegtes Backblech legen. Ca. 30 Minuten im Ofen backen. Mit Puderzucker bestäuben.

Meanwhile, heat the butter in a pan and toast the breadcrumbs until golden; set crumbs aside.
Place the remaining ingredients for the filling into a bowl – add raisins if desired – and mix well.

Preheat oven to 400° F. Dust a clean kitchen towel with flour – use one with a pattern to see whether you have rolled out the dough thinly enough. Roll the dough out into a rectangle on the towel. Using your fingers, carefully spread the dough until the pattern on the kitchen towel shows through. Then brush the dough with melted butter and sprinkle it with the toasted breadcrumbs. Spread the apple filling onto either the upper or lower third of the dough. Lift the filling-end of the kitchen towel and roll into a strudel shape. Brush with melted butter and place the strudel on a baking sheet lined with baking parchment; bake for about 30 minutes. Sprinkle with powdered sugar while still warm.

Tipps: Die Vanilleschote nach dem Aufkochen in Milch (s. Dampfnudel S. 111) nicht wegwerfen, sondern unter klarem Wasser sanft abspülen, auskratzen, trocknen lassen und zusammen mit Zucker in ein gut verschließbares Gefäß geben. So haben Sie jederzeit Vanillezucker zur Hand. Wird Ihnen nach einiger Zeit der Duft zu intensiv, einfach die Schote entfernen. Faustregel: Je mehr Vanilleschoten, desto intensiver schmeckt und duftet der Vanillezucker.

Tips & Hints: Don't throw away vanilla beans that have been simmered in milk (see yeast cake p. 111). Instead, rinse them gently under running water. Split the pod, scrape out the seeds and let pod dry. Combine with sugar in an airtight jar and you will always have a supply of vanilla sugar on hand. Should the aroma become too intense in time, simply remove the bean. As a rule of thumb, the more beans there are, the stronger the vanilla flavor and the aroma will be.

Apfeltiramisu
Apple Tiramisu

Zubereitungszeit ca. 45 Minuten + 1 Stunde Ruhezeit

Das Apfeltiramisu kommt ursprünglich aus Hessen und wird dort als „Hessischer Apfeltraum" bezeichnet. Dieses Dessert ist leichter und frischer als das italienische Tiramisu und kann gut auch zum nachmittäglichen Kaffee serviert werden.

500 g Äpfel, geschält und in kleine Stücke geschnitten
1 Zimtstange
1/4 unbehandelte Zitrone
1/8 l Apfelsaft
200 g Löffelbiskuit
100 g Sahne
500 g Magerquark
70 g Zucker
2 TL Vanillezucker (s. S. 101)
1–2 EL Zitronensaft
3–4 EL geriebene Nüsse

Die Äpfel mit wenig Wasser in einen Topf geben. Zimtstange und Zitronenviertel zugeben und das Ganze bei kleiner Hitze köcheln lassen, bis die Äpfel weich sind. Mit dem Kochlöffel zu einem groben Apfelmus zerdrücken.
Den Apfelsaft in eine Schüssel füllen und die Löffelbiskuits einzeln durch den Saft ziehen. Eine Auflaufform damit auslegen. Die Sahne steif schlagen und beiseite stellen. Magerquark mit Zucker, Vanillezucker und Zitronensaft zu einer cremigen Masse verrühren. Die Hälfte der Sahne kräftig unterrühren, den Rest sacht unterziehen. Einige Esslöffel der Creme dünn über die Biskuits streichen. Dann das Apfelmus darüber verteilen. Die restliche Quarkcreme über den Äpfeln verstreichen und ca. 1 Stunde im Kühlschrank durchziehen lassen. Zum Servieren mit geriebenen Nüssen bestreuen.

Preparation time approx. 45 minutes + 1 hour to set

Apple tiramisu stems from Hesse where it is referred to as the Hessian apple dream. This dessert is lighter and more refreshing than a typical Italian tiramisu, making it a nice accompaniment to an afternoon coffee klatch.

1 lb apples, peeled and chopped into small pieces
1 cinnamon stick
1/4 lemon
1/2 cup apple juice
7 oz ladyfingers
1/2 cup heavy cream
2 cups low-fat ricotta or creamy-style cottage cheese
1/4 cup sugar
2 tsp vanilla sugar (see p. 101)
1–2 Tb lemon juice
3–4 Tb ground nuts (hazelnuts, almonds or walnuts)

Place the apples into a pot with a little water; add cinnamon stick and lemon and simmer over low heat until the apples are soft and begin to fall apart. Using a wooden spoon, mash the apples into a coarse applesauce.
Pour the apple juice into a bowl and dredge the ladyfingers through the juice one by one. Then line a baking dish with the ladyfingers. Whip the cream until stiff and set aside. Beat the ricotta with the vanilla sugar and lemon juice until creamy. Mix in half of the whipped cream thoroughly; fold in the remaining half gently. Spread several tablespoons of the ricotta mixture over the ladyfingers in a thin layer. Then daub the applesauce over the cream. Spread the remaining ricotta mixture over the applesauce; refrigerate to set for about 1 hour. Garnish with the ground nuts and serve.

Rohrnudelvariationen
Variations on Yeast Cakes

ergibt jeweils 12–14 Stück, Zubereitungszeit jeweils ca. 1 Stunde + insgesamt ca. 1 1/2 Stunden

Die Rohrnudel ist eine enge Verwandte der Dampfnudel (s. S. 111) und in Bayern ein klassisches Gebäck zum Nachmittagskaffee.

Für den Vorteig
25 g Hefe
3 EL lauwarme Milch
1 Prise Zucker
1 EL Mehl
Für den Teig
500 g Mehl
3 Eier
250 ml lauwarme Milch
1 EL zerlassene Butter
1/2 TL geriebene Zitronenschale
1 Prise Salz
100 g zerlassene Margarine 1 TL Zucker für die Bratreine

Füllungen

Mohnfüllung
1/8 l Milch
1 Msp Zimtpulver
125 g Graumohn, gemahlen
50 g Zucker
1 EL Semmelbrösel

Die Milch in einen Topf geben und mit dem Zimt aufkochen. Graumohn, Zucker und Semmelbrösel zugeben und unter ständigem Rühren nochmals aufkochen lassen. Vom Herd nehmen und beiseite stellen.

Yields 12–14 cakes, preparation time approx. 1 hour + resting time approx. 1 1/2 hours

A kissing cousin of the *Dampfnudel* (see p. 111), it is baked until golden brown and crispy. *Rohrnudeln* and coffee is a Bavarian afternoon classic.

For the yeast starter
1 oz yeast
3 Tb lukewarm milk
1 pinch sugar
1 Tb flour
For the dough
3 1/2 cups flour
3 eggs
1 cup lukewarm milk
1 Tb melted butter
1/2 tsp grated lemon rind
1 pinch salt
1/3 cup melted margarine, 1 tsp sugar for the roasting pan

Fillings

Poppy Seed Filling
1/2 cup milk
1 small pinch ground cinnamon
1/2 cup poppy seeds, ground
3 1/2 Tb sugar
1 Tb dried breadcrumbs

Put the milk and cinnamon into a saucepan and bring to a boil. Add the ground poppy seeds, sugar and breadcrumbs and bring back to a boil, stirring constantly. Remove from heat and set aside.

Zwetschgen- oder Aprikosenfüllung
12–14 reife Zwetschgen oder Aprikosen
30 g Zucker
1 TL Zimtpulver

Zwetschgen oder Aprikosen jeweils der Länge nach aufschneiden und die Steine entfernen, dabei die Früchte nicht ganz durchtrennen. Zucker und Zimt in eine kleine Schüssel geben und vermengen. Die Obstinnenseiten großzügig mit dem Zuckergemisch bestreuen. Früchte anschließend wieder zusammenklappen und beiseite stellen.

Die Zutaten für den Vorteig in eine Schüssel geben, gut verrühren und zugedeckt an einem warmen Ort ca. 15–20 Minuten gehen lassen.
Anschließend die restlichen Zutaten für den Teig der Reihe nach zum Vorteig geben und unterkneten. Nochmals zugedeckt ca. 1 Stunde gehen lassen. Aus dem Teig kleine Kugeln formen, Durchmesser ca. 3–4 cm. Die Kugeln einzeln auf dem Handteller zu Fladen drücken, Füllung in die Mitte geben und erneut zu kleinen Bällen formen.
Das Backrohr auf 220° C erhitzen. Die Teigbälle einzeln in der zerlassenen Margerine wälzen, die restliche Margerine und den Zucker in die Backreine geben. Die Bälle nebeneinander in die Reine schichten und in 30 Minuten goldgelb backen.

Tipp: Rohrnudeln schmecken auch ohne süßes Innenleben hervorragend. Sie können aber auch zum Schluss eine Handvoll getrockneter Weinbeeren oder Sultaninen unter den Teig mischen.

Plum or Apricot Filling
12–14 ripe plums or apricots
2 Tb sugar
1 tsp cinnamon, ground

Slit the plums or apricots lengthwise, taking care not to cut them in half, and remove the pits. Mix the sugar and cinnamon in a small bowl. Lay the fruit skin side down and sprinkle the inside generously with the sugar-cinnamon mixture. Close the fruit and set aside.

Mix the ingredients for the yeast starter thoroughly in a bowl; cover and place in a warm spot for about 15–20 minutes to rest.
Add the remaining ingredients for the dough in the order listed and knead. Cover and let rise about 1 hour. Form small balls of dough about 1–1 1/2 inches in diameter. Flatten each ball between the palms of your hand, place some filling in the middle, and form a small ball again.

Preheat oven to 425° F. Dip the balls one by one into the melted margarine. Put the remaining margarine and the sugar into the roasting pan. Arrange the balls in rows and bake for 30 minutes until the *Rohrnudeln* are golden.

Tips & Hints: *Rohrnudeln* are delectable even without a sweet center. Try adding a handful of dried currants or raisins to the dough.

Arme Ritter
Grilled Cinnamon Toast

ergibt 12 Stück;
Zubereitungszeit 30 Minuten

Woher der Ausdruck „Arme Ritter“ kommt, ist heute nicht mehr eindeutig nachvollziehbar. Aber angesichts der Zutaten muss es sich um ein sehr einfaches Gericht handeln, das in vergangenen Zeiten sicher öfters die Mägen armer und kinderreicher Familien füllte.

Zum Einweichen
6 altbackene Semmeln, oder altbackenes Weißbrot
3 Eigelb
2 EL Zucker
1 Prise Salz
Schale von 1/2 unbehandelten Zitrone, gerieben
500 ml lauwarme Milch
Zum Panieren
3 Eiweiß
2 EL Wasser
Semmelbrösel
Außerdem
3 EL Butterschmalz
100 g Zucker
1 TL Zimtpulver

Die Semmeln entrinden und halbieren. Das Eigelb zusammen mit Zucker, Salz, Zitronenschale und Milch in eine Schüssel geben und verquirlen.
In einer zweiten Schüssel das Eiweiß mit dem Wasser verrühren. Semmelbrösel in eine dritte Schüssel geben.
Nun die Semmelscheiben in der Eiermilch einweichen, dabei öfters wenden. Anschließend die Semmeln im Eiweißgemisch wenden und dann in den Semmelbröseln panieren.
Das Butterschmalz in einer Pfanne erhitzen und die Armen

Yields 12 pieces of toast;
preparation time 30 minutes

No one knows for sure how the name *Arme Ritter* (poor knights) originated. However, the ingredients tell a story of truly humble origins. This dish was surely meant to fill the tummies of children in poor large families in days of old.

For soaking
6 stale rolls, or the equivalent amount of white bread
3 egg yolks
2 Tb sugar
1 pinch of salt
Grated rind of 1/2 lemon
2 cups lukewarm milk
For dredging
3 egg whites
2 Tb water
Dried bread crumbs
In addition
3 Tb clarified butter
1/3 cup sugar
1 tsp ground cinnamon

Grate off the crust of the rolls; then halve like a sandwich. Place the egg yolks, sugar, salt, lemon rind and milk into a bowl and mix.
In another bowl, mix the egg whites with the water. Put the breadcrumbs in a third bowl.
Soak the roll halves in the egg and milk mixture, turning often. Dip the rolls into the egg whites and then dredge them in the breadcrumbs.
Melt the clarified butter in a pan and fry the roll halves until

Ritter darin goldbraun backen. Auf einem bereitgelegten Küchentuch abtropfen lassen. Zucker und Zimt miteinander verrühren. Arme Ritter auf vorgewärmte Teller geben und mit dem Zimtzucker bestreuen. Heiß servieren!

Zu Arme Ritter reicht man traditionell Kompott.

golden brown. Drain on a paper towel. Mix the sugar and cinnamon together. Place the roll halves onto a warm plate and sprinkle with the cinnamon sugar. Serve hot.

Arme Ritter is traditionally served with compote.

Zwetschgendatschi
Plum Sheet Cake

Zubereitungszeit ca. 20 Minuten
+ insgesamt ca. 1 Stunde 20 Minuten Ruhezeit
+ 30–40 Minuten Backzeit

Für den Vorteig
30 g Hefe
3 EL lauwarme Milch
Prise Zucker
1 EL Mehl
Für den Teig
500 g Mehl
3 Eier
250 ml lauwarme Milch
1 EL zerlassene Butter
1 Prise Salz
Für den Belag
2 kg Zwetschgen, gewaschen und entsteint
3 EL Zucker
1/2 TL Zimtpulver
Außerdem
Mehl zum Bestäuben der Arbeitsfläche

Die Hefe mit den Fingern zerbröckeln und in eine Schüssel geben. Die restlichen Zutaten für den Vorteig zugeben und alles zusammen zu einer cremigen Masse rühren. Die Schüssel mit einem Küchentuch bedecken, an einen warmen Ort stellen und dieses „Dampferl“ 15 Minuten gehen lassen.
Anschließend die restlichen Zutaten für den Teig zum Vorteig geben, gut verkneten, dabei das Salz zum Schluss unterkneten, und den Teig mehrmals auf der Arbeitsfläche aufschlagen. Die Teigkugel in eine Schüssel geben und erneut, gut zugedeckt, an einem warmen Ort 1 Stunde gehen lassen. Den Backofen auf 200° C vorheizen. Den Teig auf einer bemehlten Arbeitsfläche ca. 1 cm dick ausrollen und auf ein mit Backpapier ausgelegtes Backblech legen.

Preparation time approx. 20 minutes
+ resting time approx. 1 hour 20 minutes
+ 30–40 minutes baking time

For the yeast starter
1 oz yeast
3 Tb lukewarm milk
Pinch sugar
1 Tb flour
For the dough
3 1/2 cups flour
3 eggs
1 cup lukewarm milk
1 Tb melted butter
1 pinch salt
For the topping
4 lb (9 cups) plums, washed and pitted
3 Tb sugar
1/2 tsp ground cinnamon
In addition
Flour for dusting the work surface

Crumble the yeast into a bowl with your fingers. Add the remaining ingredients for the yeast starter and mix until creamy. Cover the bowl with a kitchen towel; place in a warm spot and let the *Dampferl*, as the starter is called in Bavaria, rest 15 minutes.
Then add the remaining ingredients for the dough except the salt; knead well, slamming the dough repeatedly onto the work surface. Work in the salt at the end. Place the dough into the bowl; cover again and let rise in a warm spot for 1 hour. Preheat oven to 400° F. Place the dough onto a floured work surface; roll it out to a 3/8-inch thick rectangle and then place it onto a baking sheet lined with baking parchment.

Die Zwetschgen fächerförmig auf dem Teig anordnen. Die Früchte sollten sich überlappen; an den Seiten jeweils einen kleinen Rand aussparen. Ca. 30–40 Minuten backen, bis der Rand eine leicht bräunliche Färbung angenommen hat. Den Datschi aus dem Ofen nehmen und noch warm mit dem Zimtzuckergemisch bestreuen.

Tipp: Anstatt des Zimtzuckergemischs können Sie Ihren Zwetschgendatschi auch mit Butterstreuseln und Mandelblättchen verfeinern. Für die Streusel 350 g Mehl, 200 g Zucker, 100 g Margarine und 100 g weiche Butter in eine Schüssel geben und locker durchkneten; es soll sondern kleine Klümpchen entstehen, die Sie über die Zwetschgen verteilen. Über die Butterstreusel ca. 50 g Mandelblättchen streuen und anschließend im Ofen, wie oben angegeben, backen.

Arrange the plums in a fan pattern on top of the dough; the plums should overlap. Leave a small edge on all sides. Bake for about 30–40 minutes until the edges have turned slightly brown. Take the cake out of the oven and sprinkle with cinnamon and sugar while still warm.

Tips & Hints: In place of a cinnamon and sugar mixture, you can top your *Zwetschgendatschi* with butter streusel and slices of almond. For the streusel, you will need 2 1/4 cup flour, 3/4 cups sugar, 1/2 cup margarine and 1/2 cup softened butter. Place all the ingredients into a bowl and knead lightly. You are not making a dough but rather tiny clumps to strew over the plums before they go into the oven. Sprinkle 1/4 cup of sliced almonds over the streusel and bake as directed above.

Zwetschgen-Bavesen
Grilled Prune-Butter Sandwiches

Zubereitungszeit ca. 30 Minuten

500 g geschnittenes Toastbrot
1 Glas Powidl (dickes, ungesüßtes Zwetschgenmus)
4 große Eier
250–500 ml Milch – ist das Brot sehr trocken, dann ein bisschen mehr
1 Prise Salz
Außerdem
Semmelbrösel
ca. 2–3 EL Butterschmalz zum Ausbacken
Zucker und Zimt zum Bestreuen

Die Tostbrotscheiben mit Powidl bestreichen und je zwei Scheiben zu einem Sandwich zusammenklappen. Fest zusammen drücken. Anschließend die Eier in einer Schüssel mit Milch und Salz verquirlen. Semmelbrösel in einen tiefen Teller geben. Dann die Zwetschgenschnitten einzeln durch das Milch-Ei-Gemisch ziehen und anschließend in den Semmelbröseln wenden.

Das Fett in einer Pfanne erhitzen und die Zwetschgen-Bavesen darin goldgelb ausbacken. Noch warm mit Zimt und Zucker bestreuen.

Tipp: Man kann die Bavesen auch durch Pfannkuchenteig ziehen, um sie anschließend im Fett auszubacken.

Preparation time approx. 30 minutes

1 lb sliced white bread
1 jar Powidl (thick, unsweetened Austrian prune butter)
4 large eggs
1–2 cups milk – Should the bread be very dry, add a little more milk
1 pinch salt
In addition
Dried breadcrumbs
Approx. 2–3 Tb clarified butter for frying
Sugar and cinnamon for dusting

Spread the slices of bread with the prune butter and form sandwiches. Press firmly together. Beat the eggs in a bowl with the milk and the salt. Put the dried breadcrumbs into a deep dish. Dredge both sides of the plum sandwiches in the egg mixture and then in the breadcrumbs.

Heat the fat in a pan and pan-fry the sandwiches until golden. Sprinkle with cinnamon and sugar while still warm.

Tips & Hints: You can dredge the *Bavesen* in pancake batter before pan-frying them.

Dampfnudeln mit Vanillesauce
Steamed Yeast Cakes with Vanilla Custard

Zubereitungszeit einschließlich Ruhezeit ca. 1 1/2 Stunden

Dampfnudeln kamen früher, gerade in den bäuerlichen Regionen Bayerns, häufig auf den Tisch. Sie waren nicht nur billig, sondern auch sehr nahrhaft. Man aß sie mit Sauerkraut, geschmorten Kohlrabi oder man tauchte die Nudeln einfach in einen Topf mit erwärmtem Butterschmalz. Die süßen Begleiter der Dampfnudel hingegen z.B. Milch- und Fruchtsuppe, Zwetschgen-, Birnen- oder Apfelmus, so genannter „Tauch"), gab es dann nachmittags zum Kaffee.

Für den Vorteig
25 g Hefe
3 EL lauwarme Milch
1 Prise Zucker
1 EL Mehl
Für den Teig
500 g Mehl
1 Ei
ca. 250 ml lauwarme Milch
ca. 50 g zerlassene Butter
1/2 TL geriebene Zitronenschale
Für die Vanillesauce
1 l Milch
2 Vanilleschoten
4 Eigelbe
40 g Weizenstärke
100 g Zucker
1/8 l Milch
1 EL Butter
Außerdem
Milch
80 g Zucker
1 EL Butter
1 schweren, gut schließenden Topf

Preparation time including resting time approx. 1 1/2 hours

Dampfnudeln were often served in the old days, especially in the peasant regions of Bavaria. They were not only inexpensive but also nourishing. It was common to eat them with sauerkraut, stewed kohlrabi or simply dunked into a pot of warm clarified butter. Sweet accompaniments for dunking (such as milk or fruit soup, plum-, pear- or applesauce, referred to as *Tauch*), were commonplace during afternoon coffee.

For the yeast starter
1 oz yeast
3 Tb lukewarm milk
1 pinch sugar
1 Tb flour
For the dough
3 1/3 cups flour
1 egg
Approx. 2 cups lukewarm milk
Approx. 3 1/3 Tb melted butter
1/2 tsp grated lemon rind
For the vanilla custard
5 cups milk
2 vanilla beans
4 egg yolks
2 1/2 Tb corn starch
1/2 cup sugar
1/2 cup milk
1 Tb butter
In addition
Milk
1/4 cup sugar
1 Tb butter
1 heavy saucepan with well-fitting lid

Hefe zerbröckeln und in eine Schüssel geben. Die restlichen Zutaten für den Vorteig zugeben und gut verrühren. Die Schüssel mit einem Küchentuch zudecken und an einen warmen Ort stellen. Das Gemisch ca. 15 Minuten gehen lassen, dass sich das so genannte „Dampferl" bilden kann.

Anschließend die Zutaten für den Teig nach und nach zum Vorteig geben und alles zu einem geschmeidigen Teig verkneten; dabei den Teig immer wieder fest auf die Arbeitsfläche aufschlagen, damit der Teig kleine Luftkammern bildet. Zugedeckt 30–40 Minuten gehen lassen. Im Anschluss Teigkugeln – etwa in Eigröße – abstechen und auf eine bemehlte Arbeitsfläche legen. Mit einem Küchentuch bedecken und erneut 20 Minuten gehen lassen.

Milch, Zucker und Butter fingergliedhoch in den schweren Topf geben und auf kleiner Flamme erhitzen. Teigstücke nebeneinander in die Flüssigkeit setzen und weiterhin auf kleinster Flamme und gut verschlossen (es darf kein Dampf entweichen) ca. 10–12 Minuten garen.

Währenddessen 1 l Mich für die Vanillesauce mit den Vanilleschoten aufkochen lassen. Bis die Milch kocht Eigelbe, Weizenstärke, Zucker und 1/8 l Milch in einer Schüssel miteinander verrühren und dann zur Vanillemilch geben. Einige Minuten kochen lassen und zum Schluss Butter unterrühren.

Tipps: Besonders lecker schmecken die Dampfnudeln, wenn man zu Milch und Butter entsteinte Zwetschgen oder feinblättrig geschnittene Äpfel – beides mit Zucker bestreut – in den Topf gibt. Die Teigkugeln werden einfach obenauf gesetzt. Sie können Ihren Dampfnudeln eine sehr interessante Note verleihen, indem Sie anstelle von Milch und Butter, starken, leicht gezuckerten Kaffee verwenden.

Das eingangs erwähnte Sauerkraut zu den Dampfnudeln wurde in vergangenen Zeiten im gleichen Topf mit gegart. Die Teigkugeln wurden also statt auf Milch auf ein Bett aus Sauerkraut und Butterschmalz gesetzt. Diese appetitliche Variante eignet sich sehr gut als deftiges Hauptgericht.

Crumble yeast into a bowl. Add the remaining ingredients for the yeast starter and mix well. Cover the bowl with a kitchen towel; place in a warm spot for about 15 minutes until the *Dampferl* – as the starter is called in Bavaria – begins to produce tiny bubbles.

Gradually add the ingredients for the dough to the yeast starter; knead it into a smooth dough, repeatedly slamming it onto your work surface. This causes the dough to develop tiny air pockets, lending it a nice thick consistency. Cover and let rise 30–40 minutes. After the dough has risen, cut out egg-sized pieces and place them on a floured work surface. Cover with a towel and let the dough rise for another 20 minutes.

Place about an inch of milk, sugar and butter into a heavy pot and set over low heat. Place the pieces of dough next to one another in the milk and cover. (Do not allow steam to escape.) Steam over low heat for about 10–12 minutes.

Meanwhile prepare the vanilla sauce. Bring 4 cups milk to a simmer with the vanilla bean. While the milk is warming, mix the egg yolks, cornstarch, sugar and 1/2 cup of milk in a bowl; then add the contents to the hot milk. Let simmer a few minutes and finish by stirring in the butter.

Tips & Hints: *Dampfnudeln* are also quite tasty if you add pitted plums or thinly sliced apples – both sprinkled with sugar – to the milk and butter. The yeast cakes simply go on top.

You can add a novel touch by poaching the cakes in slightly sweetened, strong coffee instead of in milk and butter.

As mentioned above, sauerkraut was sometimes served with *Dampfnudel*. It was cooked in the same pot; the freshly risen cakes reposed on a bed of sauerkraut and clarified butter instead of in a bath of milk. This tasty version is just the thing for a hearty main course.

Kuchenmichl mit Äpfeln oder Kirschen

Apple or Cherry Cake

Zubereitungszeit ca. 15 Minuten
+ Backzeit 40–45 Minuten

150 g Mehl
250 ml Milch
3 Eier
1 EL Zucker
1/2 TL Salz
3 große säuerliche Äpfel, z.B. Braeburn oder Elstar, geschält und in feine Scheibchen geschnitten
oder 500 saftige, entsteinte Schwarzkirschen

Außerdem

Butter zum Einfetten der Bratreine
2–3 EL Zucker
1/2 TL Zimtpulver

Alle Zutaten für den Teig in einer Schüssel zu einem feinen, flüssigen Teig anrühren. Den Backofen auf 200° C vorheizen. Die Bratreine großzügig mit Butter einfetten und anschließend den Teig ca. 2 cm hoch einfüllen. Die Äpfel (oder die Schwarzkirschen) auf dem Teig verteilen. Ins Rohr schieben und ca. 40–45 Minuten goldgelb backen.
Zucker und Zimt vermischen und über den warmen Kuchenmichl geben. Sofort servieren.

Tipp: Kuchenmichl schmeckt auch hervorragend mit entsteinten Zwetschgen.

Preparation time approx. 15 minutes
+ baking time 40–45 minutes

1 cup flour
1 cup milk
3 eggs
1 Tb sugar
1/2 tsp salt
3 large tart apples such as Granny Smith or McIntosh, peeled and thinly sliced
or 1 lb pitted black cherries

In addition

Butter for greasing the roasting pan
2–3 Tb sugar
1/2 tsp ground cinnamon

Combine all the ingredients in a bowl and mix into a smooth batter. Preheat the oven to 400° F. Grease the roasting pan liberally with butter and pour the batter into the pan to within 3/4 of an inch of the top. Arrange the apple slices (or cherries) on top of the batter. Put into the oven and bake until golden, about 40–45 minutes.
Combine sugar and cinnamon and strew over the warm cake.

Tips & Hints: *Kuchenmichl* is also delicious with pitted plums.

Bayerisch Creme mit lauwarmen Zwetschgenkompott

Bavarian Cream with Warm Plum Compote

Zubereitungszeit insgesamt ca. 50 Minuten + ca. 3 Stunden Kühlzeit

Bayerisch Creme ist eine klassische bayerische Nachspeise, deren Zubereitung eine gewisse Sorgfalt und Genauigkeit bei den Zutaten verlangt. Belohnt werden Sie mit einem wunderbar lockeren, leichten Dessert, das auf der Zunge zergeht. Traditionell serviert man zur Bayerisch Creme frische Beeren, wie Erdbeeren oder Himbeeren. Folgende Version hingegen erinnert ein bisschen an Winter und Weihnachten und schmeckt einfach umwerfend.
Für das Zwetschgenkompott empfehle ich einen Hauch von Orangenmehl (siehe Tipp).

Für die Creme

- 4 Blatt Gelatine
- 6 Eigelb
- 87 g Zucker
- 500 ml Milch
- 1 Vanilleschote, mit dem Messer eingeritzt
- 600 g Sahne

Für das Kompott

- 250 ml Wasser
- 60 g Zucker
- 500 g frische Zwetschgen, entsteint und geviertelt
- 1 Zimtstange
- Evtl. 1/2 TL Orangenmehl

Die Gelatine in einer Schüssel mit kalten Wasser einweichen lassen. Beiseite stellen. Eigelb und Zucker in eine Schüssel geben schaumig rühren. Währenddessen die Milch mit der Vanilleschote zum Kochen bringen. Die heiße Milch durch ein Sieb und anschließend über die Ei-Zucker-Masse gießen. Gut verrühren.

Total preparation time approx. 50 minutes + approx. 3 hours to set and chill

Bavarian cream is a classic dessert requiring a certain amount of attention and precise measurements. However, your reward will be a wonderfully light, velvety dessert that will melt in your mouth.
The traditional accompaniment to Bavarian cream is fresh berries such as strawberries or raspberries. The following version, on the other hand, conjures up recollections of winter and Christmas and tastes simply heavenly.
For the plum compote, I would suggest a touch of crushed orange peel (see *Tips & Hints*).

For the cream

- 1 package of gelatin
- 6 egg yolks
- 1/4 cup plus 1 Tb sugar
- 2 1/4 cups milk
- 1 vanilla bean, scored with a knife
- 2 1/2 cups heavy cream

For the compote

- 1 cup water
- 1/4 cup sugar
- 1 lb fresh plums, pitted and quartered
- 1 cinnamon stick
- Optional: 1/2 tsp crushed orange peel

Soften the gelatin in 2 tablespoons cold water and set aside. Whip the egg yolks and sugar in a bowl until frothy. Meanwhile, bring the milk with the vanilla bean to a boil. Strain the hot milk into the bowl with the eggs and sugar, blending thoroughly.

Ein wenig Wasser in einem Topf zum Kochen bringen und die Masse über dem Wasserdampf ca. 15 Minuten lang mit einem Schneebesen ständig rühren. So lange, bis sich die Masse verdickt und sich durch die Bewegungen des Schneebesens zarte Muster bilden.
Beiseite stellen und ca. 15–20 Minuten leicht abkühlen lassen. Anschließend Sahne steif schlagen. Die Gelatine aus dem Wasser nehmen, gut ausdrücken und unter die Creme rühren. Zum Schluss die Sahne unterheben.
Die Bayerisch Creme in Gläser oder Schälchen füllen und für ca. 3 Stunden kühl stellen.
Für das Zwetschgenkompott Wasser und Zucker in einen Topf geben und zum Kochen bringen. Zwetschgen zugeben und ca. 20 Minuten auf kleiner Flamme köcheln lassen, bis die Zwetschgen weich sind. In den letzten 5 Minuten Zimtstange und Orangenmehl zugeben.
Das Zwetschgenkompott lauwarm auf der Bayerisch Creme verteilen.

Tipp: Orangenmehl können Sie selbst herstellen: Schalen von 4–5 Orangen auf ein mit Backpapier ausgelegtes Backblech legen. Die weiße Haut vorher vollständig entfernen. Für 3–4 Stunden bei 60° C in den Backofen schieben. Die trockenen Orangenschalen anschließend mörsern und in eine gut verschließbare Dose geben.

Variante im Bild: Bayerisch Creme mit Himbeeren

Bring a small amount of water to a boil in a pot; set the bowl with the custard over the top of the pot and whisk the mixture constantly for about 15 minutes. The trick is to bring the custard to just below the boiling point, all the while whisking, until it thickens and the whisk leaves a soft trail.
Set the custard aside and let cool slightly for 15–20 minutes. While the custard is cooling, stir in the gelatin. Whip the cream until stiff. Then gently fold the whipped cream into the custard.
Put the Bavarian cream into dessert dishes or parfait glasses and refrigerate for about 3 hours until set.
For the compote, bring the water and sugar to a boil; add the plums and simmer over low heat for about 20 minutes until soft. Add the cinnamon stick and orange peel during the last five minutes.

Spoon the warm plum compote over the Bavarian cream.

Tips & Hints: You can make your own supply of crushed orange peel. Place the peels of 4–5 oranges on a baking sheet lined with parchment. Be sure to remove any white membrane from the peel. Bake at 140° F for 3–4 hours. Then grind the dried orange peels in a mortar and store in an airtight jar.

Shown below: Bavarian Cream with raspberries

Gugelhupf
Bundt Cake

Zubereitungszeit ca. 15 Minuten
+ Ruhezeit insgesamt ca. 1 Stunde
+ Backzeit ca. 45 Minuten

Die Wiege des Gugelhupfs steht eigentlich in Österreich. Er ist eine klassische österreichische Mehlspeise und tatsächlich ist nachstehendes Rezept auch als „Wiener Gugelhupf“ bekannt, das vor allem durch seine Einfachheit besticht und mit sehr wenigen, aber feinen Zutaten auskommt.

Für den Vorteig
30 g Hefe
1 EL Mehl
6 EL lauwarmes Wasser
1 Prise Zucker
Für den Teig (alle Zutaten sollten Zimmertemperatur haben)
250 g Butter
5 Eier
6 EL Zucker
2 TL Vanillezucker (s. S. 101)
Ca. 500 g Mehl
200 g Sultaninen, ungeschwefelt
1 Prise Salz
Außerdem
1 Guglhupfform
Butter oder Margerine zum Einfetten der Form
Puderzucker zum Bestäuben des Gugelhupfs

Die Zutaten für den Vorteig in eine Schüssel geben und zu einer cremigen Masse verrühren. Mit einem Küchentuch bedecken und an einem warmen Ort 15 Minuten gehen lassen. Anschließend Butter, Eier, Zucker und Vanillezucker schaumig rühren. Das Mehl dazugeben. Vorteig und Sultaninen zufügen und untermischen. Salzen und den Teig gut durch-

Preparation time approximately 15 minutes
+ resting time approx. 1 hour
+ baking time approx. 45 minutes

The Gugelhupf actually originated in Austria where it has become a classic. As a matter of fact, the recipe that follows is also known as Wiener (Viennese) Gugelhupf. The beauty of this cake lies in its simplicity; just a few select ingredients are all that is needed to turn out a masterpiece.

For the yeast starter
1 oz yeast
1 Tb flour
6 Tb lukewarm water
1 pinch sugar
For the dough (Ingredients should be room temperature)
1/2 lb butter
5 eggs
6 Tb sugar
2 tsp vanilla sugar (see p. 101)
Approx. 3 1/3 cups flour
2/3 cups (7 oz) golden raisins, unsulfered
1 pinch salt
In addition
1 bundt cake pan
Butter or margarine for greasing the pan
Powdered sugar for dusting

Put the ingredients for the yeast starter into a bowl and beat into a creamy paste. Cover with a kitchen towel; place in a warm spot for 15 minutes.
Beat the butter, eggs, sugar and vanilla sugar until foamy. Sift the flour and add it to the egg mixture. Add the yeast starter and raisins and combine. Salt and knead the dough thoroughly,

kneten, dabei den Teig immer wieder kräftig auf die Arbeitsfläche schlagen.
Die Guglhupfform einfetten und den Teig einfüllen. Das Ganze erneut mit einem Küchentuch bedecken und an einem warmen Ort gehen lassen. Der Teig sollte dabei sein Volumen verdoppeln, das dauert ca. 30–40 Minuten.
Den Backofen auf 200° C vorheizen. Den Gugelhupf ca. 45 Minuten im Rohr backen. Um sicher zu gehen, dass der Gugelhupf fertig ist, können Sie die so genannte „Stäbchenprobe" machen. Stechen Sie mit einem hölzernen Spießchen in die Teigmasse. Bleiben Teigreste daran hängen, braucht der Kuchen noch etwas Zeit.

Tipp: Machen Sie es wie die Engländer mit ihren frischen Scones zur „Tea-time": Geben Sie auf eine frische, noch warme Scheibe Gugelhupf einen Klacks Sahne und etwas Erdbeerkonfitüre – ein Genuss!
Sehr lecker schmeckt ofenwarmer Gugelhupf mit frischer Butter bestrichen!

slamming it repeatedly onto your work surface.

Grease the bundt pan and pour in the dough. Cover with a kitchen towel and place in a warm spot to rise until volume doubles, approximately 30–40 minutes.

Preheat the oven to 400° F. Bake the Gugelhupf for about 45 minutes. You can test to see whether the cake is done by inserting a wooden skewer, like the kind used for shish kabobs, into the cake. If pieces of dough cling to the skewer when removed, the cake is not yet done.

Tips & Hints: Do as the English do with their fresh scones at teatime. Serve a slice of *Gugelhupf* warm from the oven with a dollop of whipped cream and some strawberry jam – a delight!
This cake is also delicious when served warm and spread with butter.

Schmarrnvariationen
Variations on Scrambled Pancakes

Apfel-Nuss-Schmarrn

Zubereitungszeit ca. 30 Minuten

375 g Mehl
500 ml kalte Milch
1 Prise Salz
4 Eier
3 EL Butterschmalz oder Margarine
3 kleine säuerliche Äpfel, geschält, entkernt, geviertelt und in dünne Scheiben geschnitten
100 g gehackte Nüsse, z.B. Haselnüsse oder Mandeln
Außerdem
Pfanne mit Deckel
Zimt-Zucker-Gemisch

Mehl in eine Schüssel geben, Milch und Salz zugeben und zu einem glatten, zähen Teig entsteht, der etwas dicker als Pfannkuchenteig sein sollte. Eier zugeben und unterrühren.
In einer beschichteten Pfanne das Butterschmalz erhitzen. Äpfel und Nüsse zugeben und unter rühren rösten; die Äpfel sollten leicht weich werden. Nun den Teig in die Pfanne füllen und umrühren, damit sich alles gut miteinander vermischt.
Jetzt, wie bei einem Omelette, bei geschlossenem Deckel die Unterseite goldgelb backen, dann wenden und die andere Seite ohne Deckel ebenfalls goldgelb backen.
Anschließend in kleine Stücke stechen und goldbraun ausbacken. Falls nötig, noch etwas Butterschmalz zugeben.
Noch heiß mit Zimt und Zucker bestreuen.

Tipp: Sie können die Nüsse auch durch Rosinen ersetzen. Delikat schmeckt es, wenn Sie die Weinbeeren vorher 30 Minuten lang in Hochprozentigem, z.B. Weinbrand, einlegen.

Apple Nut Pancake

Preparation time approx. 30 minutes

2 1/2 cups flour
2 cups cold milk
1 pinch salt
4 eggs
3 Tb clarified butter or margarine
3 small tart apples peeled, cored, quartered and thinly sliced
3 1/2 oz (1/3 cup) chopped nuts (hazelnuts or almonds)
In addition
Pan with lid
Cinnamon-sugar mixture

Mix the flour, milk and salt in a bowl until thick and smooth; it should be somewhat thicker than pancake batter. Beat in the eggs.
Melt the clarified butter in a non-stick pan. Add the apples and nuts and cook, stirring constantly; the apples should just begin to soften. Add the batter to the pan and stir to combine the ingredients.

Cover the pan as if you were cooking an omelet and let the bottom cook until golden. Then turn it over and cook uncovered until the other side is also golden.
Cut the pancake into small pieces and continue cooking until golden brown. Add more clarified butter if needed.
Sprinkle with cinnamon and sugar and serve.

Tips & Hints: You can substitute raisins for the nuts. For a tasty, yet headier touch, marinate the raisins in brandy beforehand for 30 minutes.

Kaiserschmarrn

Zubereitungszeit ca. 45 Minuten

200 g Mehl
400 ml kalte Milch
4 Eigelbe, Eiweiße beiseite stellen
1 Prise Salz
2 EL zerlassene Butter
2 EL Zucker
2-3 EL Butterschmalz oder Margarine
Außerdem
Pfanne mit Deckel
Puderzucker oder Zimt-Zucker-Gemisch zum Bestreuen

Mehl, Milch, Eigelbe, Salz, zerlassene Butter und 1 EL Zucker in eine Schüssel geben und zu einem glatten Teig verarbeiten. Zugedeckt 30 Minuten quellen lassen.
Anschließend Eiweiße mit 1 EL Zucker steif schlagen und sacht unter den Teig heben.
Butterschmalz oder Margarine in einer beschichteten Pfanne erhitzen, den Teig mit geschlossenem Deckel backen.
Wenn die Unterseite eine goldgelbe Farbe angenommen hat, den Teig wenden und die zweite Seite ohne Deckel ebenfalls goldgelb backen. Anschließend den Kaiserschmarrn in Stücke stechen oder reißen und goldbraun fertig backen.
Noch heiß mit Puderzucker bestäuben oder mit Zimtzucker bestreuen.

Tipp: Sehr lecker schmeckt der Kaiserschmarrn, wenn Sie den Puderzucker in der Pfanne mit karamelisieren, anstatt ihn am Ende über den Schmarrn zu stäuben. Dazu machen Sie in der Pfanne mit dem Kaiserschmarrn ein Eckchen frei und stäuben 1–2 TL Puderzucker hinein. Ist der Puderzucker karamelisiert – das geht sehr schnell! –, dann geben Sie den Kaiserschmarrn zurück und vermengen das Ganze.
Zum traditionellen Kaiserschmarrn reicht man Apfel- oder Birnenmus (s. S. 18)

Emperor's Cutups

Preparation time approx. 45 minutes

1 1/3 flour
1 3/4 cups cold milk
4 egg yolks, reserve whites
1 pinch salt
2 Tb melted butter
2 Tb sugar
2-3 Tb clarified butter or margarine
In addition
Pan with lid
Powdered sugar or cinnamon-sugar mixture for dusting

Mix the flour, milk, egg yolks, salt, melted butter and 1 Tb sugar into a smooth batter. Cover and let rest 30 minutes for the flour to swell.
Beat the egg whites with 1 Tb sugar until stiff and gently fold into the batter.
Melt the clarified butter or margarine in a non-stick pan; pour in the batter, cover and cook.
Once the underside of the pancake has turned golden, turn it over and continue to cook uncovered until the other side has also turned golden. Then tear or cut it into pieces and continue cooking until golden brown.
Sprinkle the pancake while still hot with powdered sugar or a mixture of cinnamon and sugar.

Tips & Hints: *Kaiserschmarrn* is even more delectable if you caramelize the powdered sugar in the pan instead of dusting it on afterwards. Just free up a corner of the pan when cooking the *Kaiserschmarrn* and sprinkle in 1–2 tsp powdered sugar. Once the powdered sugar has caramelized, which will happen very quickly, move the pancake back over it and spread it all around. Strained pears- or applesauce (see p. 18) is the customary accompaniment to *Kaiserschmarrn.*

Auszogne (Fensterkücherl)
Bavarian Doughnuts (Window Cakes)

ergibt ca. 12 Stück, Zubereitungszeit einschließl. Ruhezeit ca. 2 1/2 Stunden

Die Auszogne ist ein klassisches bayerisches Schmalzgebäck, das früher nicht nur zu Festtagen auf den Tisch kam. Seinen Namen hat das süße Gebäck von der Art seiner Herstellung. Bevor es ins siedende Fett gegeben wird, zieht man es von der Mitte her auseinander, sodass im Inneren eine Art Fenster entsteht. Manche behaupten, dass in früheren Zeiten die Hausfrau den Teig jeweils übers nackte Knie zog, um die charakteristische Form einer Auszognen zu erhalten.

Für den Vorteig
- 30 g Hefe
- 1 Prise Zucker
- 1 EL Weizenmehl
- 4 EL lauwarme Milch

Für den Teig
- 500 g Mehl
- 50 g Zucker
- 50 g zerlassene Butter
- 2 Eier
- 1 EL Obstler, z.B. Williamsbirne oder Kirschgeist
- ca. 1/8 l lauwarme Milch
- 1 Prise Salz

Außerdem
- Heißes Fett zum Ausbacken, am besten ein Gemisch aus 500 g gehärtetem Pflanzenfett und 500 g Butterschmalz.

Die Hefe zerbröckeln und in eine Schüssel geben. Die restlichen Zutaten für den Vorteig zugeben und zu einer cremigen Masse verrühren. Mit einem Küchentuch zudecken und an einem warmen Ort 15 Minuten gehen lassen, bis dieses so genannte „Dampferl“ kleine Blasen wirft.

Yields about 12, Preparation time, including resting time, approx. 2 1/2 hours

Auszogne, a classic Bavarian deep-fried delicacy, isn´t just a holiday treat. The name refers to the way it is formed. Before it is deep-fried, the dough is stretched from the center outwards to create a translucent ‘window’ in the center. Some people claim that housewives used to stretch the dough over their bare knees to create the characteristic shape of an *Auszogne.*

For the yeast starter
- 1 oz yeast
- 1 pinch of sugar
- 1 Tb all-purpose flour
- 4 Tb lukewarm milk

For the dough
- 3 1/3 cups flour
- 3 Tb sugar
- 3 Tb melted butter
- 2 eggs
- 1 Tb fruit schnapps such as Williams pear or kirsch
- Approx. 1/2 cup lukewarm milk
- 1 pinch salt

In addition
- Hot fat for deep-frying, preferably a combination of 2 cups vegetable shortening and 2 cups clarified butter

Crumble the yeast into a bowl; add the remaining starter ingredients and mix into a creamy paste. Cover the bowl with a towel and place in a warm spot for 15 minutes until the *Dampferl* – as the starter is called in Bavaria, begins to produce tiny bubbles.

Die aufgegangene Hefe mit Mehl, Zucker, Butter, Eier und dem Obstler verrühren. Nach und nach Milch zugeben und das Ganze zu einem geschmeidigen Teig verarbeiten, diesen dabei mehrmals auf der Arbeitsfläche aufschlagen, damit Luft in die Masse kommt, salzen und nochmals durchkneten. Zudecken und an einem warmen Ort 1 Stunde gehen lassen.
Im Anschluss kleine Kugeln formen, etwa in der Größe von Golfbällen, auf ein bemehltes Brett legen und mit Frischhaltefolie – sie verhindert eine Krustenbildung auf den Teigbällchen – und einem Küchentuch bedecken. Weitere 30 Minuten gehen lassen.
Die einzelnen Kugeln nun flach drücken und mit gefetteten Fingern vorsichtig auseinander ziehen, sodass in der Mitte ein dünnes Teigfenster entsteht. Die Auszogne sollte ungefähr handtellergroß sein.
Einzeln ins heiße Fett gleiten lassen und 1–2 Mal mit etwas heißem Fett übergießen, damit das dünne Teigfenster sich gut nach oben hin auswölbt. Auf einer Seite goldbraun ausbacken, dann vorsichtig wenden, damit die Mitte der Auszognen nicht mit dem Fett in Berührung kommt und schön hell bleibt. Goldbraun backen und aus dem Fett nehmen. Auf ein sauberes Küchentuch legen, damit das überschüssige Fett aufgesogen wird. Ganz nach Geschmack noch lauwarm mit Puderzucker bestäuben oder „nackt“ servieren.
Auszogne lassen sich problemlos einfrieren und im Backofen oder in der Mikrowelle wieder auftauen.

Now add the flour, sugar, butter, eggs and schnapps to the yeast starter. Gradually add the milk and knead the ingredients into a smooth, thick mass, slamming it onto your work surface repeatedly to aerate the dough. Salt and knead once more. Cover again and place in a warm spot to rise for one hour.
After the dough has risen, form small balls about the size of a golf ball; place them on a floured surface and cover with clear plastic kitchen wrap and then a kitchen towel. (The plastic wrap prevents them from forming a crust.) Let rise another 30 minutes.
Now press the individual balls flat and, with greased fingers, carefully stretch the dough away from the center so as to create a window of thin dough in the middle. The *Auszogne* should be about the size of the palm of your hand.
Slip each dough round into the hot fat, basting once or twice with a little hot fat so that the thin 'window' in the center domes up slightly. Fry until golden brown on one side. Turn over carefully so that the center does not come into contact with the fat; the center should always remain light. Once the other side has turned golden brown, transfer the *Auszogne* to a clean kitchen towel to absorb any excess fat. Depending on your taste, serve them still warm sprinkled with powdered sugar or 'naked'.
You can easily freeze *Auszogne*, warming them up in the oven or microwave.

Topfenstrudel
Cheese Strudel

Zubereitungszeit ca. 40 Minuten
+ ca. 1 Stunde Backzeit

Für den Strudelteig
200 g Mehl
1 Ei
1 TL Obstessig
1 Prise Salz
2 EL zerlassene Butter
50 ml warmes Wasser
Für die Füllung
50 g getrocknete Weinbeeren
50 g Sultaninen
75 g Butter (Zimmertemperatur)
2 Eier
500 g Topfen 20% i.Tr. (Quark)
80 g Zucker
100 g Sahne
100 g saure Sahne
Außerdem
2 EL neutrales Öl und zusätzlich 100 g zerlassene Butter zum Bestreichen des fertigen Teiges
Alufolie
Puderzucker zum Bestäuben

Den Teig zubereiten, mit Öl bestreichen und 20 Minuten unter einer mit heißem Wasser ausgeschwenkten Schüssel ruhen lassen (s S. 100).
Währenddessen Weinbeeren und Sultaninen mit heißem Wasser waschen und abtropfen lassen. Butter schaumig schlagen. Eier und die restlichen Zutaten zugeben und gut vermengen. Weinbeeren und Sultaninen unterheben.
Den Backofen auf 200° C vorheizen. Den Teig auf einem bemehlten Küchentuch mit Muster (s S. 100) ausrollen und zum Schluss mit den Händen hauchdünn ausziehen, sodass

Preparation time approx. 40 minutes
+ approximately 1 hour to bake

For the strudel dough
1 1/3 cups flour
1 egg
1 tsp cider vinegar
1 pinch salt
2 Tb melted butter
Scant 1/4 cup warm water
For the filling
Scant 1/4 cup dried currants
Scant 1/4 cup golden raisins
1/3 cup (5 Tb) butter at room temperature
2 eggs
2 cups low-fat ricotta or creamy cottage cheese
1/3 cup sugar
Scant 1/2 cup heavy cream
Scant 1/2 cup sour cream
In addition
2 Tb flavorless vegetable oil plus 6 1/2 Tb of melted butter for brushing the dough
Aluminum foil
Powdered sugar for dusting

Mix the dough, place it on a floured pastry board and brush it with oil. Rinse out a bowl with hot water, invert it over the dough and let it rest for 20 minutes (see p. 100).
Meanwhile, rinse the dried currants and raisins with hot water and let drain. Cream the butter. Add the eggs and remaining ingredients and mix well. Fold in the currants and raisins.
Preheat oven to 400° F. Place the dough on a floured kitchen towel with a pattern (see *Apfelstrudel* p. 100); roll out into a rectangle and finish using your hands to pat out the dough

das Muster des Küchentuchs durch den Strudelteig durchscheint.

Den Strudelteig mit zerlassener Butter einpinseln und die Füllung gleichmäßig darauf verteilen. An den Rändern einschlagen. Das Küchentuch anheben und den Strudel vorsichtig einrollen. Den Strudel auf ein mit Backpapier ausgelegtes Backblech gleiten lassen.
Da der Topfenstrudel grundsätzlich dazu neigt im Backrohr auseinanderzufließen, stützt man den Strudel links und rechts mit Wülsten aus Alufolie ab oder man legt ihn in extra dafür vorgesehene Strudelformen.
Den Topfenstrudel ca. 1 Stunde im Rohr backen, anschließend noch warm mit Puderzucker bestäuben.

paper thin. It should be thin enough for the pattern on the kitchen towel to show through.

Brush the strudel dough with the melted butter and spread evenly with the filling. Turn up the edges. Lift the end of the kitchen towel and carefully roll the strudel. Slide the strudel onto a baking sheet lined with baking parchment and place it in the oven.
Since the filling in a *Topfenstrudel* tends to run during baking, prop it up on both sides with rolls of aluminum foil or use a baking pan made especially for this type of strudel.

Bake for about 1 hour. Finish by sprinkling powdered sugar over the *Topfenstrudel* while it is still warm.

Fränkische Weinplätzchen
Franconian Wine Cookies

Zubereitungszeit ca. 1 Stunde 30 Minuten
+ Ruhezeit mindestens 1 Stunde

Wein aus Franken hat überall auf der Welt seine Liebhaber, obwohl man Bayern ja im Allgemeinen eher mit Bier in Verbindung bringt. Diese Plätzchen passen als süßer Snack zu einem schönen, trockenen Weißwein in geselliger Runde.

Für den Teig
- 400 g Mehl
- 300 g kalte Butter
- 1 Eigelb
- 50 g Zucker
- Schale von 1/2 unbehandelten Zitrone, fein gerieben
- 3 EL trockenen Weißwein
- 100 g gemahlene Mandeln
- 100 g Zucker

Außerdem
- Frischhaltefolie
- Mehl für die Arbeitsfläche
- Ausstechförmchen für Plätzchen
- Backpapier
- Backblech

Aus den Zutaten für den Teig einen festen, glatten Plätzchenteig kneten, dabei darauf achten, dass der Teig nicht zu lange geknetet wird! Die Teigkugel in Frischhaltefolie wickeln und mindestens 1 Stunde im Kühlschrank ruhen lassen.
Anschließend Mehl auf die Arbeitsfläche stäuben. Den Backofen auf 180° C vorheizen. Den Teig in ca. 1 cm dicke Scheiben schneiden nacheinander mit einem Nudelholz messerrückendick ausrollen, vor dem Weiterverarbeiten in Frischhaltefolie kühl stellen.
Dann mit Plätzchenförmchen ausstechen und auf ein mit

Preparation time approx. 1 hour 30 minutes
+ resting time of at least 1 hour

You'll find Franconian wine enthusiasts all over the world, even though most people associate Bavaria with beer. These cookies, paired with a nice dry white wine, make a sweet snack for company.

For the dough
- 2 2/3 cups flour
- 11 Tb cold butter
- 1 egg yolk
- 1/4 cup sugar
- Finely grated rind of 1/2 lemon
- 3 Tb dry white wine
- 3 1/2 oz (1/3 cup) ground almonds
- 1/3 cup sugar

In addition
- Clear plastic wrap
- Flour for the work surface
- Cookie cutouts
- Baking parchment
- Backing sheet

Knead together the ingredients for the dough to a smooth, firm texture. Be careful not to overknead. Wrap the dough in clear plastic kitchen wrap and refrigerate for at least 1 hour.

Sprinkle the work surface with flour and preheat the oven to 350° F. Cut the dough into 3/8 thick slices and roll them with a rolling pin to 1/8 of an inch thick. Keep any dough slices wrapped and refrigerated until it is time to roll them out; the dough is easier to handle when chilled.
Cut out cookies and place them on a baking sheet lined with

Backpapier ausgelegtes Backblech legen. In den vorgeheizten Ofen schieben (mittlere Schiene) und ca. 10–15 Minuten goldgelb backen. Mandeln und Zucker in einer Schüssel vermischen und die noch heißen Plätzchen in dem Gemisch wälzen. Anschließend auf einer Platte oder einem Teller abkühlen lassen. So verfahren, bis der Teig aufgebraucht ist.
Die Plätzchen lassen sich in gut verschließbaren Vorratsdosen mehrere Wochen lang aufbewahren.

parchment. Put the baking sheet into the middle level of the oven and bake for about 10–15 minutes until golden. Combine the ground almonds and sugar in a bowl and dredge the warm cookies in the almond sugar. Place the cookies on a platter or plate to cool. Continue the procedure until you have used up all the dough.
The cookies will keep in an airtight cookie jar or tin for weeks.

Schneeballen
Snowballs

ergibt ca. 15 Stück,
Zubereitungszeit ca. 40 Minuten
+ 2 Stunden Ruhezeit

Ein Schmalzgebäck, das in einigen Gegenden Bayerns neben den Auszognen speziell zu Kirchweih, einem wichtigen bayerischen Festtag, aber auch zu Hochzeiten gebacken wird, ist der sogenannte „Schneeballen", oft auch „Storchennest" genannt; eine Spezialität, die ihren Ursprung im mittelfränkischen Rothenburg ob der Tauber hat.

3 Eier
2 EL Sonnenblumenöl oder ein anderes neutrales Öl
2 EL Sahne
50 g Zucker
1 TL Vanillezucker (s. S. 101)
evtl. 2 EL Kirschwasser oder Williamsbirne zum Verfeinern des Teiges
ca. 350 g Mehl

Außerdem

Sonnenblumenöl zum Bestreichen des Teiges
Zum Ausbacken 500 g Butterschmalz und 500 g gehärtetes Pflanzenfett

Yields about 15 snowballs,
preparation time approx. 40 minutes
+ 2 hours resting time

The *Schneeball* or snowball is a deep-fried specialty. In some parts of Bavaria, it shares the honors with the *Auszogne* at church-consecration celebrations, a major religious holiday in Bavaria, and at weddings. It also goes by the name of *Storchennest* – stork's nest. This specialty traces its origins to the Mid-Franconian town of Rothenburg ob der Tauber.

3 eggs
2 Tb sunflower oil or any other flavorless vegetable oil
2 Tb heavy cream
3 1/2 Tb sugar
1 tsp vanilla sugar (see p. 101)
Optional: 2 Tb kirsch or Williams pear to enhance the flavor
Approx. 2 1/3 cups flour

In addition

Sunflower oil for brushing the dough
2 1/2 cups clarified butter and 2 1/2 cups vegetable shortening for deep frying

Eier, Sonnenblumenöl, Sahne, Zucker, Vanillezucker und Kirschwasser in eine Schüssel geben und mit dem Mixer schaumig schlagen. Nun wird nach und nach Mehl zugegeben und geknetet, bis der Teig fest ist. Den Teig mit Öl bestreichen und zwei Stunden zugedeckt ruhen lassen.
Zum Weiterverarbeiten werden walnussgroße Stückchen aus dem Teig gerissen und mit einem Nudelholz zu hauchdünnen Teigstücken ausgerollt, etwa in der Größe eines Kuchentellers. Erst wenn man unter dem ausgerollten Teig – ähnlich wie beim Strudel – praktisch die Zeitung lesen könnte, ist der Schneeball perfekt. Nun die jeweiligen Teigstücke in der Mitte parallel mit einem Teigroller in 5–6 Streifen schneiden, wobei außen ein etwa 1 cm breiter Rand bleiben muss.
Butterschmalz und gehärtetes Pflanzenfett in einen großen Topf geben und erhitzen. Ist das Fett heiß, die Teigstreifen einzeln mit dem Stiel eines Kochlöffels aufnehmen (sie ziehen sich von alleine zu Bällchen zusammen!) Schneeballen werden nur kurz gebacken, denn sie sollen eine leicht goldene Färbung annehmen. Auf einem Küchentuch abtropfen lassen und noch warm mit Puderzucker bestäuben.

Beat the eggs, sunflower oil, heavy cream, sugar, vanilla sugar and fruit schnapps in a bowl until foamy. Gradually knead in the flour until the dough is firm and supple. Brush the dough with oil; cover and let rest for two hours.

Now tear off walnut-sized pieces of dough and roll them out paper-thin with a rolling pin to create a disk approximately the size of a dessert plate. As with strudel, the dough should be so thin that you can almost read a newspaper through it; only then is the snowball really ready for frying. Taking care to leave a 1/4-inch edge, cut 5–6 parallel slits in the center of the disk with a pastry cutter.

Melt the clarified butter and shortening in a large pot. Once the fat is hot, add the disks one by one. As soon as the dough comes into contact with the hot fat, it will form a ball all by itself. Use the handle of a wooden spoon to transfer the disks into the fat. Fry the snowballs only until they have turned a light golden color, then transfer them to a paper towel to drain. Sprinkle with powdered sugar while still warm.

Bierkuchen

Beer Cake

Zubereitungszeit ca. 10 Minuten, Backzeit ca. 60–90 Minuten + 2 Wochen Ruhezeit vor dem Verzehr

- 100 g Butter
- 250 g Zucker
- 2 Eier
- 375 g Mehl
- 1 TL Natron
- 100 g Zitronat
- 200 g Sultaninen
- 1 TL Zimtpulver
- 250 ml dunkles Bier

Außerdem

- 1 große Kastenform
- Butter zum Ausfetten der Form
- Bittere Kuvertüre

Preparation time approx. 10 minutes, baking time approx. 60–90 minutes + 2 weeks to rest before ready for eating

- 7 Tb butter
- 1 cup sugar
- 2 eggs
- 2 1/2 cups flour
- 1 tsp baking soda
- 3 1/2 oz candied citrons
- 7 oz golden raisins
- 1 tsp ground cinnamon
- 1 cup dark beer

In addition

- 1 large loaf-shaped baking pan
- Butter for greasing the pan
- Semi-sweet chocolate for glazing

Die angegebenen Zutaten zu einem Teig verrühren. Den Backofen auf 200° C vorheizen. Die Backform mit Butter ausfetten und den Teig einfüllen (Der Kuchen geht gut auf!). Den Bierkuchen 60–90 Minuten backen (Stäbchenprobe machen, siehe Rezept Gugelhupf s. S. 118). Aus dem Rohr nehmen und etwas abkühlen lassen. Danach aus der Form lösen.
Für den Schokoladenguss wird nun die Kuvertüre in kleine Stücke gehackt. Wasser in einem Topf erhitzen und die Hälfte der Kuvertüre im warmen Wasserbad zum Schmelzen bringen. Dabei sollte die Temperatur der Kuvertüre 40° C nicht überschreiten.
Vom Wasserbad nehmen und den Rest der Kuvertüre zufügen; unter ständigem Rühren schmelzen lassen. Nun zurück ins Wasserbad geben und nochmals sanft erhitzen. Optimal sind dabei 32° C.
Den Bierkuchen mit der fertigen Glasur überziehen. Über Nacht, leicht mit einem Küchentuch bedeckt, ruhen lassen. Anderntags den Bierkuchen fest in Alufolie verpacken und 2 Wochen an einem trockenen Ort aufbewahren.

Mix all the ingredients into a batter. Preheat the oven to 400° F. Grease the baking pan with butter and pour in the batter. (Don't worry; the cake will rise!) Bake the Bierkuchen in the oven for 60–90 minutes (see recipe for *Gugelhupf* p. 118 to learn how to test with a skewer). Take the cake out of the oven and let cool somewhat, before removing from pan.
Chop the chocolate for the glaze into bits. Heat water in a pot; put half of the chocolate bits into a metal bowl and set the bowl into the bath to melt the chocolate, making sure the chocolate never goes above 104° F.

Remove the bowl from the bath and add the remaining chocolate bits, stirring constantly to melt. Return the chocolate to the bath and gently reheat. The ideal temperature is 90° F.

Pour the glaze over the cake; cover loosely with a kitchen towel and let rest overnight. Then wrap the cake tightly in aluminum foil and store in a dry place for 2 weeks.

Weihnachtsgebäck
Christmas Cookies

Spitzbuam

Zubereitungszeit ca. 1 Stunde 30 Minuten
+ mindestens 1 Stunde Ruhezeit

280 g Mehl
175 g kalte Butter
70 g Zucker
1 EL Vanillezucker (s. S. 101)
1 Ei
Zum Füllen
Johannisbeergelee
Puderzucker
Außerdem
Frischhaltefolie
Mehl für die Arbeitsfläche
Backblech
Backpapier
Runde Ausstechförmchen für Plätzchen

Aus den Zutaten einen festen, glatten Plätzchenteig kneten, dabei darauf achten, dass der teig nicht zu lange geknetet wird. Die fertige Teigkugel in Frischhaltefolie einschlagen und für mindestens 1 Stunde in den Kühlschrank legen.

Backofen auf 180° C vorheizen. Teigkugel in ca. 1 cm dicke Scheiben schneiden und einzeln auf einer bemehlten Arbeitsfläche messerrückendick ausrollen. Den gerade nicht benötigten Teig wieder in die Folie einwickeln und zurück in den Kühlschrank legen.

Backblech mit Backpapier belegen. Die Plätzchen ausstechen und auf das Backblech legen. Im Ofen ca. 10–15 Minuten goldgelb backen. Zum Auskühlen auf einen Teller oder eine Platte geben. So verfahren, bis der gesamte Teig aufgebraucht ist.

Auf je eine Plätzchenunterseite einen Klecks Johannisbeer gelee geben und mit einem zweiten Plätzchen bedecken.

Lil' Rascals (Butter cookie sandwiches filled with currant jelly)

Preparation time about 1 hour 30 minutes
+ 1 hour to rest, minimum

2 cups flour
6 oz (12 Tb) cold butter
5 Tb sugar
1 Tb vanilla sugar (see p. 101)
1 egg
For the filling
Currant jelly
Powdered sugar
In addition
Clear plastic kitchen wrap
Flour for dusting work surface
Baking sheet
Baking parchment
Round cookie cutter

Knead the ingredients into a firm, smooth dough, taking care not to knead too long. Wrap in clear plastic wrap and refrigerate for at least 1 hour.

While the dough is chilling, preheat the oven to 350° F. Now cut off 3/8 inch slices from the dough; roll each slice on a floured unused surface to 1/8 inch thick. Wrap and return any unused portion of the dough to the refigerator.

Line the baking sheet with parchment. Now cut out cookies; place onto the baking sheet and bake until golden, about 10–15 minutes. Cool on either a plate or platter and continue the same process with the remaining dough.

Place a dollop of currant jelly on the underside of one cookie and cover it with a second cookie, pressing lightly. Sprinkle

Leicht fest drücken. Die Spitzbuam mit Puderzucker bestäuben.
Spitzbuam halten sich in gut verschließbaren Vorratsdosen mehrere Wochen lang.

the *Spitzbuam* with powered sugar.

Spitzbuam will keep in an airtight container for several weeks.

Vanillekipferl

Zubereitungszeit ca. 1 Stunde 20 Minuten + mindestens 1 Stunde Ruhezeit

200 g kalte Butter
280 g Mehl
100 g geschälte, geriebene Mandeln
40 g Vanillezucker (s. S. 101)
2 Eigelbe
Vanillezucker zum Wälzen der Kipferl
Außerdem
Frischhaltefolie
Backpapier
Backblech

Aus den Zutaten für den Teig einen glatten, festen Plätzchenteig kneten, dabei darauf achten, dass der Teig nicht zu lange geknetet wird. Die Teigkugel in Frischhaltefolie einschlagen und für mind. 1 Stunde in den Kühlschrank legen. Den Backofen auf 200° C vorheizen. Die Teigkugel in ca. 1 cm dicke Scheiben schneiden. Kleine Stückchen aus dem Teig brechen und zu Hörnchen formen. Teig, den Sie gerade nicht benötigen, wieder in Frischhaltefolie wickeln und zurück in den Kühlschrank geben.

Die Hörnchen auf ein mit Backpapier ausgelegtes Backblech legen und im Ofen ca. 15–20 Minuten golden backen. So verfahren, bis der Teig aufgebraucht ist. Die fertigen Vanillekipferl lauwarm in Vanillezucker wälzen, damit der Zucker besser haften bleibt.

Vanillekipferl halten sich in gut verschließbaren Vorratsdosen mehrere Wochen lang.

Vanilla Crescent Cookies

Preparation times approx. 1 hour 20 minutes + at least 1 hour to rest

14 Tb (7 oz) cold butter
2 cups flour
1/2 cup (3 1/2 oz) blanched, ground almonds
1 1/2 Tb vanilla sugar (see p. 101)
2 egg yolks
Vanilla sugar for the crescents´ sugar coating
In addition
Clear plastic kitchen wrap
Baking parchment
Baking sheet

Knead the ingredients into a firm, smooth dough, taking care not to knead too long. Wrap in clear plastic wrap and refrigerate for at least 1 hour.

Preheat oven to 400° F. Now cut off 3/8-inch thick slices from the dough; break off small pieces from the slices and shape into crescents. Wrap and return any unused portion of the dough to the refrigerator.

Place the crescents on a baking sheet lined with parchment and bake until golden, about 15–20 minutes. Continue this procedure with the remaining dough. Dip the crescents into the sugar while still warm so that it adheres better.

Vanillekipferl will keep in an airtight container for several weeks.

Husarenknöpferl

Zubereitungszeit ca. 1 Stunde 15 Minuten + mindestens 1 Stunde Ruhezeit

190 g Mehl
1 EL Vanillezucker (s. S. 101)
40 g Zucker
125 g kalte Butter
2 Eigelb
1 TL Orangenmehl (s. S. 117)
Zum Füllen
Himbeer- oder Aprikosenkonfitüre, Johannisbeergelee
Außerdem
Frischhaltefolie
Backblech, Backpapier
Mehl zum Bestäuben der Arbeitsfläche
1 kleiner Holzkochlöffel

Aus den Zutaten einen glatten Teig kneten, bitte nicht zu lange kneten! Die Teigkugel in Folie einschlagen und für mindestens 1 Stunde in den Kühlschrank legen.
Anschließend den Backofen auf 180° C vorheizen. Das Backblech mit Backpapier belegen. Die Arbeitsfläche dünn mit Mehl bestäuben. Die Teigkugel in ca. 1 cm dicke Scheiben schneiden und einzeln zu 1 cm dicken Würsten rollen. Teig, den Sie gerade nicht benötigen, wieder in die Frischhaltefolie wickeln und im Kühlschrank zwischenlagern.
Die Teigwürste in kleine Stücke schneiden und etwa daumennagelgroße Kügelchen daraus formen. Die Kügelchen auf das Backblech legen und mit dem Stielende des Kochlöffels kleine Mulden in die Mitte der einzelnen Husarenknöpferl drücken. Die Mulden mit Marmelade Ihrer Wahl füllen. Ins Backrohr schieben und in ca. 10–15 Minuten goldgelb backen. So verfahren, bis der Teig aufgebraucht ist.
Husarenknöpferl halten sich in gut verschließbaren Vorratsdosen mehrere Wochen lang.

Husar Buttons (Jam-filled butter cookies)

Preparation time approx. 1 hour 15 minutes + at least 1 hour to rest

1 1/3 cups flour
1 Tb vanilla sugar (see p. 101)
1 1/2 Tb sugar
8 Tb (1/2 cup) cold butter
2 egg yolks
1 tsp ground orange peel (see p. 117)
For the filling
Raspberry- or apricot jam, or currant jelly
In addition
Clear plastic kitchen wrap
Baking sheet, baking parchment
Flour for dusting the work surface
1 small wooden spoon

Knead the ingredients into a smooth, firm dough, taking care not to knead too long. Wrap the dough in clear plastic wrap and refrigerate for at least 1 hour.
Preheat oven to 350° F; line the baking sheet with parchment and dust the work surface with flour. Cut off 3/8-inch thick slices from the dough and shape each slice into 3/8 inch thick *Würstchen* (sausages). Wrap and return any unused portion of the dough to the refrigerator.

Now cut the sausages into small pieces, about the size of your thumbnail, and roll the pieces into balls. Place the balls of dough onto the baking sheet and with the handle of a wooden spoon make a small indentation in the center of the individual 'buttons'. Then fill the 'buttons' with a jam or jelly of your choice and bake until golden for about 10–15 minutes. Continue this process with the remaining dough.
Husarenknöpferl will keep in an airtight container for several weeks.

Rezeptindex alphabetisch
Index of Recipes in Alphabetical Order

Internetadressen
Internet Addresses and Links

Hier finden Sie deutsche Zutaten.
Here is where you can find German ingredients:

www.giantfood.com

www.bavarianpretzel.com

www.groceriesusa.org

www.serve.com/shea/food.htm

www.germansinthestates.com

www.continentalsausage.com

www.aviso.net/dir/usa/german/food/retail

Dank
Acknowledgements

Vor allem und in erster Linie möchte ich mich bei dem Spitzenkoch Markus Bischoff bedanken, der sein Wissen und seine Freude am Kochen ganz selbstlos mit mir geteilt hat. Ein Besuch in seinem Restaurant am Tegernsee, das des Öfteren mit einem Michelinstern ausgezeichnet wurde, ist ein Erlebnis für Gaumen und Sinne (www.bischoff-am-see.de).
Beim Suchen und Aufspüren alter bayerischer Rezepte hatte ich tatkräftige Unterstützung. Ein herzliches Dankeschön dafür an Regina und Sophie Maier, Maria Schneider, an meine Mutter Irmgard Seethaler, Gaby Klein und an Karoline Rajh-Jaenicke für das Maultaschenrezept.
Als Testpersonen und strenge Gourmetkritiker fungierten Antje Becker, Ronny Nitschke und die illustre Runde des legendären „Bayerischen Abends" mit Wastl als rechter Hand. Danken möchte ich auch Jochen Amma Fuchs, der mich in die Kunst der Spätzleherstellung eingeweiht hat, Alex Gajic und Dagmar Danninger samt Familie, meine Arbeitskollegen, Nikola Zacherl, Silke und Wolfgang Jenni. Und, zu guter Letzt, Benino, dem die Hasenöhrl vortrefflich mundeten.
Vielen Dank, ihr Lieben!

First and foremost, I would like to thank chef Markus Bischoff who selflessly shared his knowledge and joy of cooking with me. A visit to his one-star restaurant in my hometown of Tegernsee is an experience for the taste buds as well as the senses. (www.bischoff-am-see.de).

I had lots of help in tracking down old Bavarian recipes. My heartfelt thanks go to Regina and Sophie Maier, Maria Schneider, to my mother Irmgard Seethaler, to Gaby Klein and to Karoline Rajh-Jaenicke for her *Maultaschen* (ravioli) recipe.
Antje Becker, Ronny Nitschke, the illustrious members of the legendary 'Bayerischer Abend' (Bavarian Evening) with Wastl at my side, were my taste testers and exacting food critics. Many thanks go as well to Jochen Amma Fuchs, who initiated me into the art of making *Spätzle*, Alex Gajic, and Dagmar Danninger and family, my colleagues, Nikola Zacherl, Silke, and Wolfgang Jenni. And last but not least, Benino, who enjoyed the *Hasenöhrl* (rabbit ears) immensely.
Thank you one and all!

Bücher von Susanne Seethaler

Tradition wird in Bayern schon immer groß geschrieben. Susanne Seethaler erklärt für Einheimische und »Zuagroaste« echte bayerische Bräuche aus längst vergangenen Zeiten und wie sie heute noch lebendig sind.

304 Seiten
ISBN 978-3-485-01028-3

Susanne Seethaler hat Bäuerinnen und Bauern zu bewährten Heilmitteln befragt, die von Generation zu Generation überliefert wurden. Sie beschreibt traditionelle und einfach anwendbare Hausmittel für die häufigsten Beschwerden.

144 Seiten, durchg. farbig mit Abb.
ISBN 978-3-485-01106-8

Überliefertes Heilwissen ist im Alpenraum noch allgegenwärtig. Sennerinnen und Bäuerinnen müssen sich heute noch oft selbst zu helfen wissen. Susanne Seethaler hat den reichen Erfahrungsschatz an traditionellen Hausmitteln für Frauenbeschwerden aufgezeichnet.

144 Seiten, durchg. farbig mit Abb.
ISBN 978-3-485-01175-4

Glücklich leben lernen kann man in jedem Augenblick. Anhand alltäglicher Handgriffe beim Kochen erklärt Susanne Seethaler, wie wir unser Leben mehr genießen können. Ein lebensfroher Ratgeber, um die Schönheit in allen Dingen zu entdecken.

136 Seiten, durchg. farbig mit Abb.
ISBN 978-3-485-01324-6

www.nymphenburger-verlag.de